Das Kosmosbuch der Wildfrüchte

Kosmos · Gesellschaft der Naturfreunde
Franckh'sche Verlagshandlung · Stuttgart

Roger Phillips

Unter Mitarbeit von Jacqui Hurst

Das Kosmosbuch der Wildfrüchte

Eßbare Kräuter – Beeren – Pilze
Erkennen und Zubereiten

Ein großer Kosmos-Naturführer

Aus dem Englischen übersetzt und bearbeitet von Dr. Bruno P. Kremer
Titel der Originalausgabe: „Wildfood", erschienen bei Pan Books Ltd., London, 1983, unter ISBN 0 330 28069 4

Mit 216 Farbfotos von Roger Phillips (209), Jacqui Hurst (7: Seite 95, 132 oben rechts, 140 oben links, 143 oben rechts, 153 links) und Martyn Rix (1 : 101 rechts unten).

Umschlag von Edgar Dambacher unter Verwendung einer Aufnahme von Hans E. Laux

CIP-Kurztitelaufnahme der Deutschen Bibliothek

Phillips, Roger:
Das Kosmosbuch der Wildfrüchte : essbare Kräuter – Beeren – Pilze erkennen u. zubereiten ; e. grosser Kosmos-Naturführer / Roger Phillips. Unter Mitarb. von Jacqui Hurst. [Aus d. Engl. übers. u. bearb. von Bruno P. Kremer]. – Stuttgart : Franckh, 1984.
Einheitssacht.: Wildfood ⟨dt.⟩
ISBN 3-440-05251-6

NE: Kremer, Bruno P. [Bearb.]

Franckh'sche Verlagshandlung, W. Keller & Co., Stuttgart/1984

Printed in Great Britain/Imprimé en Grand Bretagne
LH 14 Ste/ISBN 3-440-05251-6
Satz: Konrad Triltsch, Graph. Großbetrieb, Würzburg
Herstellung: W. S. Cowell, Ipswich

Das Kosmosbuch der Wildfrüchte

Einleitung

Die eßbaren Wildpflanzen der einheimischen Flora erfreuen sich schon seit langem einer besonderen Beliebtheit. Die meisten unserer heutigen kulinarischen Gewohnheiten gehen auf die Erprobung und Beschäftigung mit wildwachsenden Arten zurück. Vieles davon gehört zum Standardbestand an Hausmitteln, Rezepten und Nutzungsformen; anderes ist dagegen längst in Vergessenheit geraten.
Dieses Buch versucht daher, die weniger bekannten, traditionellen Verwendungsmöglichkeiten unserer Wildpflanzen aufzuspüren und gleichzeitig auch als Nachschlagewerk für solche von der Natur reichlich angebotenen Pflanzen zu dienen, die – wie Brombeeren oder Holunderblüten – allgemein bekannt sind. Von der großen Zahl einheimischer Pflanzen kann ein erstaunlich großer Anteil als Wildgemüse oder Wildsalat genutzt werden. Es gibt draußen nicht nur die saftigen Beeren und allbekannten Pilze, sondern noch eine ganze Reihe anderer nutzbarer Arten, die interessante geschmackliche Entdeckungen und Aromen versprechen.
Bei der Auswahl der hier vorgestellten Arten war unter anderem entscheidend, daß sie in der Regel in genügender Menge zu finden sind. Von ganz wenigen Ausnahmen abgesehen, die historisch interessante oder aus sonstigen Gründen bemerkenswerte Verwendungsweisen wildwachsender Pflanzen betreffen, sind die meisten Pflanzen so weit verbreitet und häufig, daß Sammeln in vernünftigem Ausmaß ihren weiteren Bestand mit Gewißheit nicht gefährdet.
Dieses Buch soll vor allem eine praktische Anleitung und Einführung in den vernünftigen Umgang mit unseren Wildpflanzen sein. Ein Blick in alte Kräuterbücher oder in Urgroßmutters Kochbücher enthüllt eine Unmenge von Vorstellungen, wie man gesammelte oder angebaute Pflanzen in der Küche weiterverarbeitet. Viele dieser alten Rezepte sind äußerst zeitaufwendig, umständlich und vielfach auch kaum nachvollziehbar, dabei dennoch von einer eigenartigen Faszination. Aus dieser Vielzahl von Anregungen und Anleitungen wurden die jeweils am geeignetsten erscheinenden Rezepte ausgewählt und zuvor allesamt erprobt. Nur mit vertretbarem Aufwand erreichbare Zubereitungen unserer Wildpflanzen und ihrer Früchte oder verschiedener Speisepilze wurden letztlich aufgenommen. Je nach Erfahrung und Vorlieben des jeweiligen Wildpflanzen-Kochs können diese Rezepte natürlich abgewandelt oder ergänzt werden. Sie stellen lediglich die Grundmuster dar, mit denen ein zünftiger Wildpflanzenfreund sicher gerne experimentieren wird, um neue Einsichten und Erfahrungen zusammenzutragen.

Zum Umgang mit diesem Buch

Wie im „Kosmosbuch der Wildpflanzen" werden die einzelnen behandelten Arten auch in diesem Buch in zeitlicher Reihenfolge nach ihrem Blüh- bzw. Verwendungsdatum vorgestellt. Wenn Sie also im Frühjahr draußen nach eßbaren Wildpflanzen suchen möchten, brauchen Sie nur die ersten Seiten dieses Buches aufzuschlagen, um nachzusehen, welche Arten zu diesem Zeitpunkt schon greifbar sind. Entsprechend finden sich einige interessante Beerenfrüchte und Pilze des Herbstes in den abschließenden Buchteilen zusammen mit einigen Anregungen dafür, was man mit diesen Gaben der Natur anstellen kann. Wenn Sie dagegen nachschlagen möchten, welche Verwendung sich für eine spezielle Pflanzen- oder Pilzart empfiehlt, wird ein Verzeichnis der deutschen und wissenschaftlichen Pflanzennamen helfen, das Gesuchte rasch aufzufinden.

Abkürzungen:
TL = Teelöffel
EL = Eßlöffel

Die römischen Zahlen bei den Pflanzenbeschreibungen bezeichnen den Blühmonat, bei den Pilzen den Zeitpunkt der Fruchtkörperentwicklung.

Einige Hinweise zum Sammeln und Verarbeiten

Algen und Tange

Die Meeresalgen stellen eine Rohstoffquelle dar, die immer noch stark vernachlässigt wird. Nur wenige Arten werden bisher aktiv ge-

Pilze sind ein guter Einstieg in die Beschäftigung mit den Delikatessen der Natur. Viele Arten kann man als Würzpilze trocknen und hat sie somit auch außerhalb der Pilzsaison zur Hand.

Küchenschere und Gartenhandschuhe sind beim Sammeln von Brennesseln eine nützliche Hilfe.

nutzt. Einige traditionelle Gerichte in der Bretagne, in Irland, Wales oder Skandinavien werden ausschließlich oder überwiegend mit Algen und Tangen zubereitet. Möglicherweise liegt ihre vergleichsweise geringe Wertschätzung darin begründet, daß sich mit einem Algen-Gericht eher die Vorstellung von Armut und Kargheit verbindet als die Erfahrung eines interessanten, ungewöhnlichen Aromas oder Geschmacks.
In anderen Teilen der Welt kommt gerade den verwertbaren Meeresalgen eine erheblich größere Bedeutung zu. Fast überall in Ostasien werden die Algen nicht nur an ihrem natürlichen Standort gesammelt, sondern in riesigen Meeresfarmen wie Kulturpflanzen angebaut und gezüchtet. Viele der etwa in Japan in hohem Ansehen stehenden Algenarten kommen auch an den europäischen Atlantikküsten vor oder sind in europäischen Gewässern zumindest mit sehr nahestehenden, verwandten Arten vertreten. Die ausgewählten Rezepte stammen entsprechend überwiegend aus der fernöstlichen Küche oder sind traditionelle Zubereitungen, wie sie in den europäischen Küstengegenden stellenweise anzutreffen sind.
Meeresalgen gehören zu den ausgesprochen nahrhaften Pflanzen. Sie enthalten hohe Anteile an Vitaminen, Protein und Mineralstoffen. Die Vitamine A, B_1, B_{12}, C und D sind in besonders auffallenden Mengen vertreten. Meersalat enthält beispielsweise je Gewichtseinheit mehr Vitamin A als Butter. Andere Algenarten, darunter der Hauttang, sind reich an Vitamin B_{12} und führen davon mehr als Leber. Auch der Proteingehalt bewegt sich in Größenordnungen, die denen der besten pflanzlichen Proteinlieferanten wie Soja oder anderen Hülsenfrüchten kaum nachstehen. Zu beachten ist, daß Algen trotz ihres Gehalts an wichtigen Nährstoffen ungewöhnlich kalorienarm sind, weil ihre Kohlenhydrate vom menschlichen Körper nicht aufgeschlossen werden können.

Pilze

Dieses Buch ist keine ausführliche Bestimmungshilfe zum Kennenlernen der eßbaren und verwertbaren einheimischen Speisepilze. Es gibt in Europa mindestens 2000 größere Pilzarten und darunter außerordentlich wertvolle Speisepilze wie auch eine Reihe fatal giftiger Übeltäter. Bevor man wildwachsende Pilze für die Bereicherung der Küche sammelt, sollte man einige Sicherheit im Erkennen und Bestimmen der verwendbaren Arten und ihrer giftigen Doppelgänger haben. Im Literaturverzeichnis finden Sie daher einige Bücher, die Ihnen dabei behilflich sind. Wenn man erst einige Speisepilze sicher erkennt und weiß, wie man sie richtig zubereiten kann, wird man eine völlig neue Welt der Aromen und Geschmacksrichtungen kennenlernen.
Bei der Auswahl der hier vorgeschlagenen Pilzrezepte wurden jeweils die für die betreffende Art vielleicht geeignetsten Zubereitungen berücksichtigt. Diese Rezepte bedeuten nicht Ausschließlichkeit, sondern können auch mit anderen Pilzarten erprobt werden. Beim Pilzsammeln wird man ohnehin auf sechs bis zehn eßbare Arten stoßen. Mischpilzgerichte sind oft noch schmackhafter als Zubereitungen nur einer bestimmten Pilzart. Probieren Sie daher die verschiedenen Pilzrezepte mit den Pilzen aus, die Sie gerade draußen finden können.

Pflanzenbeschreibungen

Um mögliche Verwechslungen mit bedenklichen Pflanzen- oder Pilzarten zu vermeiden, wurden die Artenbeschreibungen so knapp und genau wie nur möglich gefaßt. Die dabei angeführten Merkmale ermöglichen in der Regel eine genaue und eindeutige Bestimmung der betreffenden Art. Wichtig ist dabei, daß möglichst viele, wenn nicht alle erwähnten Merkmale zutreffen müssen. In den meisten Fällen gibt auch die beigestellte fotografische Aufnahme einen guten Eindruck vom Aussehen der erwähnten Pflanze und hilft beim Bestimmen und Wiedererkennen.
Alle Pflanzen werden mit ihrem gebräuchlichen deutschen und zusätzlich mit dem wissenschaftlichen Namen vorgestellt, der notwendig ist, um Eindeutigkeit in der Benennung zu sichern. Eine Butterblume ist in Norddeutschland eine völlig andere Art als in Süddeutschland. Für jede Pflanze finden sich zusätzlich Angaben über Häufigkeit, Verbreitung und Standort.
Achtung: Sammeln Sie nur Doldenblütler (Apiaceae), die Sie 100%ig kennen. Gerade diese Pflanzenfamilie besitzt sehr viele Mitglieder mit tödlich wirkenden Inhaltsstoffen!

Schutz der Wildpflanzen

Eine genauere Kenntnis der einheimischen Flora und ein größeres persönliches Interesse für die Pflanzen unserer natürlichen Umwelt sind eine wichtige Voraussetzung für einen besseren Schutz unserer wildwachsenden Arten. Dem steht auch die erklärte Absicht dieses Buches, in den vernünftigen Umgang mit Pflanzen, Früchten und Wurzeln einzuführen, nicht entgegen. Die Mehrzahl der hier berücksichtigten Arten ist häufig und im Bestand nicht gefährdet. Wo aus anderen Gründen, beispielsweise wegen interessanter kulturhistorischer Beziehungen, eine heute nur noch zerstreut oder vereinzelt vorkommende Art erwähnt wird, ist auf ihre unbedingte Schutzwürdigkeit ausdrücklich verwiesen worden. Daran sollte man sich auf jeden Fall halten! Nur so kann der Bestand einer abwechslungs- und artenreichen Wildflora auf Dauer gesichert werden. Es ist andererseits aber eine nicht bestreitbare Tatsache, daß die Gefährdung der Pflanzen in Wald und Flur kaum von den wenigen Sammlern ausgeht, die sich ein paar Blätter, Blüten oder Früchte mit nach Hause nehmen, als vielmehr von der Forst- und Landwirtschaft. Solange Waldwege asphaltiert, Laubwälder in Nadelforste umgewandelt, Feuchtwiesen trockengelegt oder Hecken und Flurgehölze über den Haufen gefahren werden, ist es mit dem Schutz der bodenständigen Flora schlecht bestellt.
Es sollte indes nochmals betont werden, nur solche Pflanzen für den Eigengebrauch in der Küche zu sammeln, die reichlich vorhanden sind. Einzelexemplare oder kleine Bestände mit nur we-

Kräuter, Blüten, Algen, Pilze und anderes Sammelgut kann man am besten durch Trocknen konservieren.

Die Herstellung von Frucht- oder Blüten-Weinen ist etwas zeitaufwendig, aber auf jeden Fall ein lohnendes und erfreuliches Unternehmen.

nigen Individuen bleiben grundsätzlich verschont. Es ist andererseits erstaunlich, wie wenig Material man für ein Wildpflanzengericht benötigt. Sammeln Sie daher nicht hemmungslos alles, was erreichbar ist, sondern nur so viel, wie tatsächlich benötigt wird.
Eines ist noch zu bedenken: In Naturschutzgebieten sollen sich Pflanzen und Tiere völlig ungestört entwickeln. Kein Naturfreund wird daher in solche Flächen eindringen, um Pflanzen zu sammeln oder gar auszugraben – ganz abgesehen davon, daß die gesetzlichen Auflagen dies nicht zulassen.

Konservierungsmethoden

Frische Kräuter, Algen und Pilze können auf verschiedene Art und Weise konserviert werden:

Trocknen

Achten Sie darauf, daß das Sammelgut möglichst trocken eingebracht wird. Es wird an einem schattigen, luftigen Ort auf Papier ausgelegt oder – wenn möglich – an Schnüren aufgehängt. Das Sammelgut darf nicht zu dicht aneinanderliegen, damit die Luft von allen Seiten rankommen kann. Direkte Sonneneinstrahlung trocknet zwar schneller, bedingt aber einen Qualitätsverlust. Wenn das Sammelgut rascheldürr ist, füllt man es in dicht verschließbare Gefäße. Auch getrocknete Kräuter und Pilze sollten nicht unbegrenzt gelagert werden, da sie mit der Zeit an Qualität einbüßen. Lieber weniger sammeln und im kommenden Jahr die Vorräte wieder auffüllen.

Einfrieren

Das Einfrieren von Kräutern und Pilzen erhält das volle Aroma der Pflanzen am besten. Sammelgut reinigen und möglichst trocken (größere Teile sollten zerkleinert werden) in Plastikdosen oder -beuteln einfrieren (bei –25 °C schockgefrieren, danach bei –18 °C lagern). Am besten friert man sich gleich die Kräuter und Pilze portionsweise ein. Kräutermischungen können in Eiswürfelschalen gefüllt, mit Wasser übergossen, eingefroren werden (aus LAUX, Kochbuch der Naturfreunde).

Einlegen in Essig und Öl

Pilze und Kräuter können auch durch Einlegen in Essig oder Öl konserviert werden. Beim Einlegen in Öl sollten die Kräuter gut trocken sein, damit das Öl nicht trüb und ranzig wird. Zum Einlegen am besten Olivenöl oder Weinessig verwenden. Kräuter 2–3 Wochen an einem kühlen Platz ziehen lassen und danach abseihen.

Weinbereitung

Folgende Hinweise mögen für die Weinbereitung hilfreich sein:
Hefe: Vielzweck- oder auch Spezialhefen für die Eigenbereitung von Wein und Bier sind gewöhnlich in Drogerien, Reformhäusern und Apotheken zu beziehen. Die meisten Rassen können leicht „angestellt" werden. Man löst dazu den Packungsinhalt mit etwas Zucker und lauwarmem Wasser in einem Becher auf und läßt den Ansatz etwa eine Stunde an einem warmen Platz stehen. Weinhefen setzen meist einen größeren Prozentsatz des Zuckers um und liefern einen entsprechend höheren Alkoholgehalt an. Wenn Sie solche Hefen verwenden möchten, müßten Sie die erforderlichen Zuckermengen etwas erhöhen. Die Mehrzahl der hier vorgestellten Rezepte arbeitet mit Mehrzweckhefen, die relativ trockene Blüten- oder Fruchtweine ergeben.
Trübungen: Wenn der Wein auch lange nach Abschluß der Nachgärung immer noch trübe sein sollte, ist möglicherweise der Stärke- oder Pektingehalt in der Lösung noch zu hoch. Beides kann man relativ einfach feststellen. Stärke in Lösung ergibt mit Jodtinktur eine schwarzblaue Verfärbung. Nehmen Sie eine kleine Probe des Weins, tropfen Sie etwas Jodtinktur (Lugolsche Lösung) zu und beurteilen Sie das Testergebnis. Eventuell vorhandenes Pektin kann man im Test mit methylierten Alkoholen ausflocken – es bilden sich nach Zugabe einiger Weintropfen weißliche Wolken im Testgefäß. Stärketrübungen kann man mit Amylasen beheben, Pektintrübungen mit Pektinol. Beides ist in der Drogerie zu haben und wird nach Anleitung der Packungsbeilage eingesetzt.
Sterilisieren: Alle Gefäße, die nach Abschluß der Gärung mit dem halbfertigen oder fertigen Produkt für längere Zeit in Berührung kommen, müssen steril sein. Heißes Ausspülen der Flaschen ist unbedingt notwendig. Korken oder andere Verschlüsse sollten 10–15 Minuten lang ausgekocht werden. Es gibt in Drogerien oder Spezialgeschäften auch chemische Präparate zum Sterilisieren des Arbeitsgerätes.

Fotografie

Fast alle Aufnahmen sind bei natürlichem Licht entstanden. Sie wurden mit einer Nikon FM-Kamera mit 50-mm-Objektiv unter Verwendung eines Stativs aufgenommen. Als Aufnahmematerial diente Kodak Ektachrom-Film (64 ASA). Dadurch kann einerseits mit kleinen Blenden, andererseits mit relativ kurzen Verschlußzeiten gearbeitet werden.

Schaumkraut zeichnet sich durch einen pikanten Geschmack aus und eignet sich sehr gut als Brotbelag oder zu Käse.

Viermänniges Schaumkraut *Cardamine hirsuta* L.
Fam. Kreuzblütengewächse (*Brassicaceae*)
Einjährige, etwa 10–30 cm hohe Pflanze mit kahlem oder zerstreut behaartem Stengel. Blätter rosettig angeordnet, mit je 1–3 Paar Fiederblättchen. Blüten (im Gegensatz zu fast allen anderen, zum Teil sehr ähnlichen Arten) nur mit 4 Staubblättern. Verbreitet auf Äckern, in Weinbergen, an Waldsäumen oder offenen Wegrändern. Blüten IV–VIII.

Echte Winterkresse, Barbarakraut *Barbarea vulgaris* R. BR.
Fam. Kreuzblütengewächse (*Brassicaceae*)
Zwei- oder auch mehrjährige, mitunter kräftige Pflanze von 30–90 cm Höhe. Obere Stengelblätter einfach, aber buchtig gezähnt; grundständige Blätter und untere Stengelblätter mit 2–5 Paar Seitenlappen und großem, rundlichem Endlappen. Kreuzblüten gelb, bis 9 mm breit. Schoten auf dünnen Stielen aufrecht oder leicht abstehend. Verbreitet an Wegen, auf Äckern, an Ufern oder in feuchten Wiesen. Blüten V–VII.
Die geschmacklichen Eigenschaften dieser Pflanze ähneln der Echten Kresse. Vorzüglich in Salaten oder als Gemüse. Nur einzelne Blätter oder Sproßspitzen sammeln, Pflanze nicht völlig ausrupfen!

Vogelmiere, Vogel-Sternmiere *Stellaria media* (L.) CYR.
Fam. Nelkengewächse (*Caryophyllaceae*)
Einjährige, kriechende Pflanze, etwa 10–40 cm lang, mit kleinen, gegenständigen, breit-ovalen Blättern. Stengel mit nur einer, aber deutlich erkennbaren Haarleiste. Blüten meist einzeln, blattachsel- oder endständig. Sehr häufig in Unkrautbeständen. Blüten III–XII.

Diese häufige, aber meist verkannte Pflanze steht als Wildgemüse das ganze Jahr über zur Verfügung. Alle Teile können verwendet werden. Pflanzenteile mit der Schere abschneiden, nicht ausreißen, da sonst zuviel anhaftende Bodenteilchen verschleppt werden. Vor Gebrauch gründlich abwaschen und in einem Tuch trocknen.

Vogelmieren-Salat (2 Portionen)
1 großer Bund Vogelmiere
2 Äpfel, gewürfelt
⅛ Liter Schlagsahne
1 Joghurt
3 EL Kerbel, fein gehackt
etwas Tomatenmark
Vogelmieren gründlich waschen und mit den Apfelwürfeln mischen. Schlagsahne schlagen und mit den übrigen Zutaten vermengen, über die Vogelmieren gießen und leicht unterheben.

Vogelmieren-Suppe (6 Portionen)
1,5 Liter Hühnerbrühe
6 Frühlingszwiebeln, fein geschnitten
1 große Kartoffel, gewürfelt
2 Bund Vogelmiere
Salz, Pfeffer (frisch gemahlen)
Süße Sahne oder Crème fraîche nach Geschmack
Brühe bis zum Kochen erhitzen, bei mäßiger Hitze Zwiebeln, Kartoffel und Vogelmieren hineingeben und 10–15 Min. ziehen lassen. Mit Salz und Pfeffer abschmecken, in einem Mixer fein pürieren, Sahne oder Crème fraîche hinzugeben, nochmals kurz erhitzen und servieren. Mit einigen Sproßspitzen garnieren.

Winterkräuter-Salat (2–4 Portionen)
1 großer Bund Winterkräuter (Winterkresse, Schaumkraut, Vogelmiere)
2 Orangen
1 Zwiebel, fein gehackt
4 EL Olivenöl
1 EL Weinessig
1 EL Zitronensaft, frisch gepreßt
Salz, Pfeffer (frisch gemahlen)
Salatkräuter gründlich waschen. Orangen schälen und in Stücke schneiden. Olivenöl, Weinessig, Zitronensaft, Gewürz und Zwiebeln in einem Mixbecher gründlich schütteln. Kräuter und Orangenstücke in Salatschüssel geben. Salatsauce erst kurz vor dem Servieren darüber gießen.

Winterkresse gehört zu den ersten Wildgemüsen im Frühjahr. Aufnahme 29. März.

Vogelmiere ist eine ausgezeichnete, häufig verkannte Salatpflanze. Aufnahme 10. März.

Birkensaft kann man vergleichsweise einfach gewinnen. Wichtig ist, die Zapfstelle anschließend dicht zu verschließen. Aufnahme 15. März.

Hänge-Birke, Weiß-Birke *Betula pendula* ROTH
Fam. Birkengewächse (*Betulaceae*)
Sommergrüner Baum bis etwa 25 m Höhe. Rinde an jungen Zweigen glänzend rotbraun bis schwärzlich, später rötlichweiß spiegelnd und zuletzt an starken Ästen und Stämmen hellweiß mit großen, schwarzen Rauten und harten Leisten. Krone schmal, kegelig, aufrecht, mit lang herabhängenden Ästen und Zweigen. Blätter 2–7 cm lang, dreieckig-oval, zugespitzt, doppelt gesägt, ziemlich dünn und beidseits fast kahl. Blattstiel ebenfalls kahl (Unterschied zur Moor-Birke). Männliche Kätzchen 3–6 cm lang, in Gruppen zu 2–4 an den Spitzen kleinerer Zweige, im Winter bräunlich, im Frühjahr beim Stäuben hellgelb. Weibliche Kätzchen in den Blattachseln, anfangs grünlich, später braun. Fruchtende Kätzchen 1,5–3,5 cm lang. Früchte breit geflügelt, Nüßchen, Pionierart auf Rohböden und Schlägen. Kurzlebiges Lichtholz. In Mittel- und Nordeuropa überall weit verbreitet, in Südeuropa nur in den höheren Gebirgslagen. Blüten IV–V.
Von den vielen Verwendungen der Birke erwähnen wir hier nur das Birkenwasser, den im Frühjahr aus angezapften Stämmen gewonnenen Blutungssaft, der nicht nur zu haarwuchsfördernden Mitteln, sondern auch zu allerlei Getränken verarbeitet werden kann. Die Technik des Birkensaftzapfens ist einfach und alt, für die betroffenen Bäume aber nicht unbedingt förderlich und darf nur bei Bäumen im eigenen Garten angewendet werden!
Man bohrt im Frühjahr (März) den Stamm einer ausgewachsenen Birke etwa einen Meter über der Erde so an, daß ein Plastikschlauch hineingesteckt werden kann, durch den man den austretenden Saft in eine Flasche ableiten kann. Von einem Baum kann man in einem Tag etwa 2–3 Liter Saft gewinnen.

Birkensaft-Wein
4,5 Liter Birkensaft
200 g zerkleinerte Rosinen
1 kg Zucker
Saft von 2 Zitronen
Weinhefe
Saft unmittelbar nach dem Zapfen abkochen, Zucker zu der siedenden Lösung geben und 10 Min. ziehen lassen. Rosinen in einen großen Topf geben, heiße Flüssigkeit darübergießen und Zitronensaft hinzugeben. Abkühlen lassen und Hefe einrühren. Gefäß leicht abdecken und etwa 4 Tage lang gären lassen, anschließend abgießen und in eine luftdicht verschließbare Ballonflasche füllen. Nach dem Stillstand der Gärung absetzen lassen, eventuell filtrieren und in saubere, heiß gespülte Flaschen füllen. Mehrere Monate reifen lassen.

Berg-Ahorn *Acer pseudoplatanus* L.
Fam. Ahorngewächse (*Aceraceae*)
Stattlicher Baum bis etwa 35 m Höhe mit rundlicher, oft sehr breit ausladender Krone, meist auf recht kurzem, gedrungenem Stamm. Rinde grau, in kleine, rechteckige Platten gefeldert, die zum Teil abschuppen und helle, orangebraune Flecken zurücklassen. Äste sehr kräftig, aufrecht. Zweige kurz und gebogen, graugrün mit blassen Lentizellen. Knospen um 1 cm lang, eiförmig, von rötlichen Schuppen eingeschlossen. Blätter 10–15 cm lang, 5lappig. Lappen etwa bis zur Spreitenmitte eingeschnitten, spitz, grob gezähnt, oberseits dunkelgrün, unterseits blasser und auf den Hauptnerven behaart. Größe und Blattschnitt variabel. Blattstiele ziemlich lang. Blüten in 6–12 cm langen, hängenden Rispen, die erst nach dem Laubaustrieb erscheinen. Flügelfruchtpaare etwa 6 cm breit, schließen einen rechten Winkel ein. Wichtiger europäischer Waldbaum. Häufig angepflanzt und fast überall eingebürgert. Blüten IV.
Auch vom Berg-Ahorn kann man (was jedoch nicht unbedingt ratsam ist) im Frühjahr Blutungssaft zur Weinbereitung gewinnen.

Felsen-Venusnabel *Umbilicus rupestris* (SALISB.) DANDY
Fam. Dickblattgewächse (*Crassulaceae*)
Mehrjährige Pflanze mit aufrechtem, meist unverzweigtem Stengel bis etwa 40 cm Höhe. Grundblätter schildförmig, langgestielt, oberseits glänzend dunkelgrün. Blüten grünlich-weiß bis leicht rötlich, in langen, blattlosen, schlanken Trauben. Kronblätter zu einer schmalen Röhre verwachsen. Vor allem im Küstenbereich West- und Südeuropas.

Venusnabel ist in Westeuropa im Küstenbereich überall zu Hause und häufig. Aufnahme 27. April.

Blüten V–VII. Als Salatzutat bestens geeignet. Nur wenige Blätter verwenden.

Zymbelkraut *Cymbalaria muralis* GAERTN., MEY & SCHERB
Fam. Braunwurzgewächse (*Scrophulariaceae*)
Einjährige Pflanze mit dünnen, niederliegenden oder hän-

Zymbelkraut (*Cymbalaria muralis*) kann das ganze Jahr über als Salatzutat gesammelt werden. Aufnahme 28. März.

gendwurzelnden Stengeln, 30–60 cm hoch. Blätter breit herzförmig, am Rand handförmig 5–7kerbig, kahl, unterseits meist rötlich. Blüten einzeln in den Achseln der Blätter, hellviolett mit gelbem Schlund. Aus Südeuropa stammend, zerstreut an alten Mauern, Bachufern, Wegrändern, Brückenpfeilern. Blüten VI–VIII.

Morcheln à la crème, ein aufwendiges, aber lohnendes Gericht. Aufnahme 20. April.

Speisemorchel *Morchella esculenta* PERS. EX ST. AMANS
Fam. Morcheln (*Morchellaceae*)
Fruchtkörper 6–20 cm hoch, aufrecht. Hutteil 3–10 cm hoch, 3–7 cm breit, meist eiförmig-rundlich oder leicht stumpfkegelig, blaß gelblich-braun, später auch etwas dunkler, mitunter auch ockerfarben, grauoliv oder oliv getönt, mit tiefen Gruben und rippenartigen Leisten wabenartig aufgeteilt. Stielteil zur Basis leicht verdickt, längsfurchig, weißlich. Asci 330 × 20 μm groß. Ascosporen cremefarben. Wächst zwischen Gras in Gärten, Parks und lichten Laubwäldern. Fruchtkörper IV–V. Eßbarer und recht schmackhafter Speisepilz.

Gemeine Morchel *Morchella vulgaris* (PERS.) BOUD.
Fam. Morcheln (*Morchellaceae*)
Fruchtkörper 5–12 cm hoch, im Hutteil rundlich-eiförmig, hohl wie bei der vorigen Art, aber weniger regelmäßig gestaltet als bei der Speisemorchel. Leisten stumpf und stark gewunden, graubraun oder leicht grau, nicht so gelblich wie bei anderen Arten dieser Gattung, in den grubigen Vertiefungen später dunkelbraun. Asci etwa 330 × 20 μm groß. Wächst oft gesellig auf der Erde in Gärten, Wäldern und auf Ödland. Fruchtkörper IV–V. Eßbarer und recht schmackhafter Speisepilz.
Für unerfahrene Pilzsammler besteht Verwechslungsgefahr mit der Frühjahrslorchel (*Gyromitra esculenta*), einer giftigen Art, die man recht gut an ihrem hirnartig gewundenen, rötlich- bis kastanienbraun gefärbten Hutteil erkennen kann.

Die Morcheln werden nach dem Sammeln längs halbiert, um sicherzustellen, daß keine Kleintiere mit dem Hutteil verschleppt werden. Stielbasis abschneiden und verwerfen. Pilzteile unter fließendem Wasser gründlich waschen und in kochendem Wasser kurz blanchieren. Gründlich gewaschene Morcheln können auch getrocknet werden. Kurz abtrocknen, auf Bindfäden ziehen und an einer warmen, trockenen Stelle luftig aufhängen. Vor der Zubereitung werden die getrockneten Morcheln etwa eine Stunde lang in Wasser eingeweicht. Sie behalten beim Trocknen ihr Aroma und können ohne Qualitätseinbuße verwendet werden.

Morcheln à la crème (6–8 Portionen)
Teig:
50 g Butter
100 g Mehl
1 TL Salz
1 Ei
2 TL Sahne

Sauce Mornay:
30 g Butter
1 mittelgroße Zwiebel, fein gehackt
1 mittelgroße Mohrrübe, klein gewürfelt
1 kleine Sellerieknolle, klein gewürfelt
1 gehäufter EL Mehl
¼ Liter heiße Milch
Salz, Pfeffer
3 EL Sahne

Pilzmischung:
500 g Morcheln
25 g Butter
Saft einer halben Zitrone
1 EL Sherry
Salz, Pfeffer, Paprika
½ Knoblauchzehe, zerdrückt
Aus Butter, Mehl, Salz und Ei einen Teig anrühren, gründlich durchkneten, Sahne dazugeben, erneut kneten, ausrollen und zu einem Ball formen. Im Kühlschrank etwa eine

Gemeine Morchel (*Morchella vulgaris*), bevorzugt auf Sandböden über Kalk. Aufnahme 15. April.

Speisemorchel (*Morchella esculenta*), die vielleicht wohlschmeckendste Morchel-Art. Aufnahme 8. April.

Stunde aufbewahren, dann in eine Kuchen- oder Pastetenform geben und 10 Min. bei 200 °C ausbacken.
Inzwischen Butter schmelzen und Gemüsestückchen darin anbräunen, Gewürze und Mehl zugeben und etwa 10 Min. ziehen lassen. Dann heiße Milch einrühren und auf kleiner Flamme so lange ziehen lassen, bis die Sauce die richtige Konsistenz bekommen hat. Zuletzt Sahne einrühren.
Pilze in Butter, Zitronensaft, Sherry, Salz, Pfeffer, Paprika und Knoblauch etwa 8 Min. garen, anschließend mit einem Schaumlöffel herausnehmen und zusammen mit der Sauce in den fertigen Pastetenteig geben. Dann 10–12 Min. bei 230 °C in den Ofen stellen.

Morcheln auf Toast (4 Portionen)
250 g Morcheln
50 g Butter
Petersilie, Thymian (fein gehackt)
1 Eigelb
2 EL Sahne
Pilze in etwas Brühe zusammen mit den Gewürzen und Kräutern etwa 30 Min. lang ziehen lassen. Mit einer geschlagenen Sahne-Eigelb-Mischung andicken. Auf frisch geröstetem Toast servieren.

Mousse chaude aux morilles (4 Portionen)
4 große Morcheln
100 g Champignons
2 gekochte Hühnerbrüste, entbeint
¼ Liter Sahne
¼ Liter Hühnerbrühe
1 EL Madeira
40 g Butter
Salz, Pfeffer
Innenseite von 4 Teetassen mit Butter bestreichen. Eine große Morchel längs vierteln, nochmals in 5 Stücke schneiden, in etwas Butter garen und in die Tassen legen. Kleinere Morchelstücke zu einem Sternmuster legen.
Übrige Morcheln und Pilze fein zerkleinern und in Butter garen. Anschließend würzen und mit der Hälfte der Brühe und des Madeira vermischen. Abkühlen. Eine Hälfte der Pilzfüllung aufheben. Mousse: Hühnerbrust fein zerkleinern und mit der zweiten Hälfte der Pilzfüllung vermengen. Über Eis abkühlen, nach Geschmack salzen, in die vorbereiteten Tassen verteilen. Dann zerkleinerte Pilze einfüllen, restliche Mousse darüberbreiten und für eine halbe Stunde bei etwa 180 °C im Ofen erhitzen. Vor dem Servieren restlichen Madeira über die gefüllten Schalen bzw. Tassen gießen.

Morcheln in Schinkenrollen
300 g Morcheln
8 Scheiben gekochten Schinken
50 g Butter
2 TL kleingehackte Petersilie
Salz, Pfeffer
Morcheln säubern und eventuell zerkleinern. Ca. 6 Min. in Butter dünsten, würzen und Petersilie kurz mitdünsten. Die Pilze auf den Schinkenscheiben verteilen, zusammenrollen und ca. 15 Min. in den gut vorgeheizten Backofen geben. (Aus LAUX, Kochbuch für Pilzfreunde).

Mousse chaude aux morilles – ein ebenfalls aufwendiges, aber sehr delikates Gericht. Aufnahme 20. April.

Nessel-Bier. Es dauert nur etwa eine Woche vom Sammeln der Pflanzen bis zum fertigen Getränk. Aufnahme 6. März.

Große Brennessel *Urtica dioica* L.
Fam. Brennesselgewächse (*Urticaceae*)
Mehrjährige bis ausdauernde, meist kräftige Pflanze bis über 200 cm Höhe mit aufrechtem, vierkantigem, unverzweigtem Stengel. Blätter kreuzgegenständig, gestielt, länglich-eiförmig, vorne zugespitzt und grob gezähnt, am Grunde mit kleinen, fast unscheinbaren Nebenblättern, oberseits dunkelgrün, unterseits etwas heller. Stengel und Blattspreiten mit kurzen, grauen Flaumhaaren besetzt. Überall an Stengel, Blättern und Blattstielen mit einzelnen Brennhaaren ausgestattet, die aus einem spröden, einzelligen Haar bestehen, das in einen vielzelligen grünen Gewebesockel eingebettet ist. Bei der nahe verwandten Kleinen Brennessel (*Urtica urens*) besteht die Behaarung nur aus solchen Brennhaaren. Pflanze zweihäusig. Blüten unscheinbar grün, aber meist ziemlich zahlreich. Blütenhülle vier- bis fünfzählig. Männliche Rispen deutlich länger als die weiblichen und länger als die Blattstiele. Blüten VII–X. Sehr häufige Pflanze an Wegrändern und Schuttstellen, in feuchten Wäldern und an Schlägen, meist auf tiefgründigem stickstoffreichem Boden. Zeigerpflanze.

Ungeachtet ihrer wenig einladenden Brennhaare, deren Sekretinhalt auf der Haut ein brennendes Jucken hervorruft, ist die überall vorhandene und in reichlichen Mengen verfügbare Brennessel eine wertvolle Heilpflanze und wird seit langer Zeit auch als Wildgemüse geschätzt. Da sie vor allem in Notzeiten als Ersatznahrung verwendet wurde oder verwendet werden mußte, steht sie bei vielen Menschen nicht im besten Ansehen. Dabei schmeckt ein Brennesselgemüse wirklich nicht schlecht, wenn man nur die richtigen Teile der Pflanze auswählt und sie auch richtig zubereitet. Grundsätzlich werden nur junge Blätter und/oder die Sproßspitzen verwendet. Ältere Blätter enthalten zu reichliche Mengen Gerbstoffe und sind deswegen ungeeignet.

Brennesselgemüse
Frisch gesammelte Blätter oder Sproßspitzen werden gründlich gewaschen, kurz abgetropft und ohne zusätzliches Wasser mit etwas Butter und Gewürzen nach Geschmack in einer Kasserolle etwa 10 Min. erhitzt. Dabei muß ständig umgerührt werden. Der Eigengeschmack der jungen Pflanzenteile ist nicht allzu kräftig. Daher sollte man

vor dem Servieren mit Muskat, Pfeffer oder anderen Gewürzen noch etwas nachhelfen.

Weiße Taubnessel *Lamium album* L.
Fam. Lippenblütengewächse (*Lamiaceae*)
Mehrjährige bis ausdauernde Pflanze von 20–50 cm Höhe, mitunter auch wintergrün, mit kriechendem Wurzelstock. Stengel aufsteigend oder aufrecht, vierkantig, innen hohl, behaart. Blätter kreuzgegenständig, deutlich gestielt, länglich-oval, am Grunde etwas abgerundet, grob gezähnt, weich behaart. Blüten weiß oder cremefarben, mit aufwärts gebogener Kronröhre und helmförmig vorgewölbter Oberlippe, zu mehreren in blattachselständigen Scheinquirlen. Recht häufige Pflanze in verschiedenen Unkrautfluren an Wegen und Zäunen, meist in der näheren Umgebung menschlicher Siedlungen. Kulturfolger. Bevorzugt stickstoffreiche Böden. Blüten IV–X.

Rote Taubnessel *Lamium purpureum* L.
Fam. Lippenblütengewächse (*Lamiaceae*)
Einjährige Pflanze mit kriechendem oder aufsteigendem Stengel, bis etwa 40 cm hoch. Stengel oft undeutlich vierkantig. Blätter rundlich-herzförmig, gekerbt. Untere Stengelblätter lang gestielt, obere fast sitzend und am Sproßende büschelig gedrängt, kreuzgegenständig, mitunter purpurrot überlaufen. Blüten recht klein, hell-lila bis purpurn. Ziemlich häufig und weit verbreitet auf Äckern, an Wegrändern und in Gärten. Blüten III–X.

Nessel-Bier
100 Brennessel-Pflanzen mittlerer Größe
12 Liter Wasser
1,5 kg Zucker
60 g Tartarcreme
15 g Hefe
Die Brennesseln werden im Wasser gekocht (15 Min.). Dann gießt man die Flüssigkeit vorsichtig ab und gibt Tartarcreme und Zucker hinzu. Erneut erhitzen und umrühren, bis alles gelöst ist. Abkühlen lassen, Hefe zugeben, gut umrühren, 2–4 Tage gären lassen, dann den Schaum abheben und die Flüssigkeit in Flaschen abgießen, ohne den Bodensatz aufzuwirbeln.

Brennessel-Suppe (4 Portionen)
1 großer Bund Brennesseln
1 große Zwiebel, fein gehackt
1 Knoblauchzehe, zerdrückt
2 Kartoffeln, gewürfelt oder in Scheiben geschnitten
¼ Liter Sahne
1 Brühwürfel
Salz, Pfeffer
Zwiebel, Kartoffeln und Knoblauchzehe in etwas Olivenöl andünsten. Brennesselblätter und Sproßspitzen von den Stengeln entfernen (Handschuhe und Schere!), gründlich waschen und dazugeben. Mit dem Brühwürfel etwa 1 Liter Brühe zubereiten (oder fertige Brühe verwenden), Brennnessel-Mischung hinzugeben und so lange kochen, bis die

Rote Taubnessel (*Lamium purpureum*), im Frühjahr gesammelt, kann mit den anderen beiden Arten gemeinsam verwendet werden. Aufnahme 24. März.

Weiße Taubnessel (*Lamium album*) wird am besten im Frühjahr oder im Herbst gesammelt. Aufnahme 24. März.

Brennessel-Suppe gilt unter manchen Feinschmeckern als Delikatesse. Aufnahme 13. Mai.

Wiesen-Kerbel (*Anthriscus sylvestris*) kann schon im zeitigen Frühjahr gesammelt werden. Aufnahme 30. März.

Englisches Löffelkraut (*Cochlearia anglica*) ist die wohlschmeckendste aller Löffelkraut-Arten. Aufnahme 13. März.

Kletten-Labkraut (*Galium aparine*). Die Blätter sollten früh gesammelt werden, weil sie sonst zu bitter schmecken. Aufnahme 10. März.

Gebräuchliches Löffelkraut (*Cochlearia officinalis*) an seinem typischen meeresnahen Standort. Aufnahme 18. Juli.

Kartoffelstückchen weich sind (etwa 15 Min.). Eventuell noch ein wenig mit Wasser verdünnen, würzen, in eine Terrine geben und Sahne einrühren. Mit Croûtons servieren. Der Geschmack dieser Suppe ist noch besser, wenn man sie bereits am Vortag zubereitet und zum Servieren aufwärmt.

Wiesen-Kerbel *Anthriscus sylvestris* (L.) HOFFM.
Fam. Doldengewächse (*Apiaceae*)
Mehrjährige bis ausdauernde Pflanze von 60–150 cm Höhe mit kräftiger, verdickter Wurzel. Stengel aufrecht, hohl, kantig gefurcht, verzweigt, grün, etwas glänzend. Blätter frisch grün, mehrfach gefiedert, oberseits glänzend, unterseits heller und matt. Blüten reinweiß in flach gewölbten, zusammengesetzten Dolden, Blüten entweder zwittrig oder rein männlich. Ziemlich häufige Pflanze auf frischen, nährstoffreichen Böden in Fettwiesen und Hochstaudenfluren. Düngungszeiger. Blüht als erste Art unter den heimischen Doldengewächsen. Blüten V–VIII. **Achtung:** Verwechslungsgefahr mit dem Gefleckten Schierling (*Conium maculatum*) oder der Hundspetersilie (*Aethusa cynapium*), die beide recht giftig sind! Pflanze nur sammeln, wenn sie eindeutig bestimmt wurde!
Wiesen-Kerbel kann man schon im späten Winter bzw. zeitigen Frühjahr sammeln, sobald sich die jungen Sprosse zeigen und eine sichere Bestimmung möglich ist. Nur junge Teile werden verwendet, da ältere Blätter sehr herb oder sogar bitter schmecken. Die geschmacklichen Eigenschaften dieser Art gleichen dem Garten-Kerbel (*Anthriscus cerefolium*), der gerne als Salatzutat verwendet wird.

Gebräuchliches Löffelkraut *Cochlearia officinalis* L.
Fam. Kreuzblütengewächse (*Brassicaceae*)
Zwei- oder mehrjährige Pflanze mit aufrechten oder aufsteigenden Stengeln, bis etwa 30 cm hoch. Grundblätter lang gestielt, herzförmig, obere Blätter zunehmend sitzend. Alle Teile ziemlich fleischig. Blüten bis 1 cm breit, weiß. Salzliebende Pflanze, daher vor allem im Küstenbereich in Salzwiesen oder auf Klippen. Blüten V–VII.
Die Pflanze eignet sich neben anderen Löffelkraut-Arten für Wildpflanzensalate. Sehr reich an Vitamin C.

Kletten-Labkraut *Galium aparine* L.
Fam. Rötegewächse (*Rubiaceae*)
Einjährige Pflanze mit kletterndem Stengel, der mit rückwärts gerichteten Haaren besetzt ist. Blätter schmal, elliptisch, in Wirteln. Blüten weißlich grün. Frucht kugelig, hakig behaart. Blüten V–IX.
Die kleinen Blätter junger Pflanzen können abgestreift und in Suppen oder Salaten verwendet werden.

Knoblauchsrauke (*Alliaria petiolata*) ist eine stark aromatische Salatzutat. Aufnahme 1. April.

Gespenst-Gelbdolde *Smyrnium olusatrum* L.
Fam. Doldengewächse (*Apiaceae*)
Zweijährige, meist recht kräftige Pflanze mit aufrechtem, leicht kantig-gefurchtem Stengel, etwa 50–150 cm hoch. Stengel innen nicht hohl oder nur bei älteren Exemplaren ausgehöhlt. Blätter oberseits dunkelgrün und glänzend, dreizählig gefiedert. Fiederabschnitte dreieckig bis rautenförmig, stumpf gezähnt oder gelappt bis gekerbt. einzeln gestielt. Blüten grünlich-gelb, in wenigstrahligen, halbkugeligen Dolden, diese mit Hülle und wenigblättrigem bis fehlendem Hüllchen. Gesamte Pflanze von würzigem Geruch und Geschmack, erinnert etwas an Sellerie. An vielen Stellen entlang der Atlantikküsten auf Felsen und Klippen eingebürgert. Fehlt in Mitteleuropa. Blüten IV–VIII.
Achtung: Nur verwenden, wenn 100%ig bestimmt. Einige Doldengewächse sind tödlich giftig!

Gelbdolden-Gemüse
Gelbdolde verwendet man am besten, solange die Blüten noch nicht vollständig geöffnet sind. Die Stengel werden in spargellange Abschnitte zerteilt, geschält und in Salzwasser etwa 5–10 Min. gekocht, bis sie vollständig weich sind. Vor dem Servieren wird mit Pfeffer oder anderen Gewürzen nach Geschmack verfeinert.

Knoblauchsrauke, Lauchhederich *Alliaria petiolata* (M. B.) C. & GR. Fam. Kreuzblütengewächse (*Brassicaceae*)
Einjährig-überwinternde oder zweijährige Pflanze von 20–100 cm Höhe mit aufrechtem, meist unverzweigtem Stengel. Grundblätter rosettig, herz- bis nierenförmig, lang gestielt. Stengelblätter ähnlich gestaltet oder von dreieckigem Umriß, deutlich kürzer gestielt, am Rande immer buchtig gezähnt. Alle Teile der Pflanze, besonders aber die Blätter, riechen beim Zerreiben stark nach Knoblauch. Blüten in dichten, später bei der Fruchtreife stark verlängerten Trauben. Kelchblätter 4, gerade, Kronblätter weiß, doppelt so lang wie der Kelch. Schoten bis 6 cm lang. Ziemlich häufig auf Waldschlägen, an Gebüschen, Säumen, Hecken und Zäunen. Stickstoffzeiger. Blüten IV–VI. Ein paar zerkleinerte Blätter geben ein pikantes Knoblaucharoma zu verschiedenen Fleischgerichten.

Dreikant-Lauch *Allium triquetrum* L.
Fam. Liliengewächse (*Liliaceae*)
Aus dem Mittelmeerraum eingeführte Zierpflanze, die stellenweise verwildert auftreten kann. Nur gelegentlich als Knoblauchersatz verwendet.

Bären-Lauch *Allium ursinum* L.
Fam. Liliengewächse (*Liliaceae*)
Mehrjährige Zwiebelpflanze bis etwa 40 cm Höhe. Blätter zu 2–3, 8–30 cm lang, elliptisch-oval, spitz, hellgrün, lang gestielt. Blütenschaft kantig, am Grunde scheidig. Blüten zu mehreren in einer flachen Dolde, mit zwei häutigen Tragblättern. Zerstreut bis selten in Laubwäldern. Blüten IV–VI.
Alle Teile riechen stark nach Knoblauch. Verwendet werden jedoch nur die Blätter, von denen wenige als Salatzutat oder Gewürz von Fleischgerichten genügen.

Dreikant-Lauch (*Allium triquetrum*) ist in Mittel- und Westeuropa so selten, daß das Sammeln sich nicht lohnt. Aufnahme 12. April.

Bären-Lauch (*Allium ursinum*) hat einen sehr starken Knoblauchgeruch. Aufnahme 10. April.

Gespenst-Gelbdolde (*Smyrnium olusatrum*) kommt heute fast nur an der westeuropäischen Küste vor. Aufnahme 30. März.

Kandierte Blüten sehen sehr appetitlich aus. Man sollte jedoch nur dann Blüten pflücken, wenn genügend Pflanzen zur Verfügung stehen. Aufnahme 10. April.

März-Veilchen *Viola odorata* L.
Fam. Veilchengewächse (*Violaceae*)
Mehrjährige, kleine Pflanze mit kurzem, sehr gedrungenem Rhizom und meist langen Ausläufern. Blätter lang gestielt, Blattstiele bis 6 cm lang, Blattspreiten rundlich-oval mit herzförmigem Grund, dunkelgrün, spärlich behaart oder völlig kahl, am Rande fein gekerbt oder gezähnt. Blüten einzeln auf langen Stielen, stark duftend. Kelchblätter am Grunde ohne Anhängsel, Krone zygomorph, bis 1,5 cm lang, dunkelviolett, seltener auch rosa oder völlig weiß, untere Kronblätter in einen langen Sporn ausgezogen. Kapselfrucht. Verbreitet bis zerstreut in Gebüschen und Gehölzen, an Waldrändern oder in aufgelassenen Obstgärten, meist in Siedlungsnähe anzutreffen, da mutmaßlich aus früheren Gärten verwildert. Blüten III–IV.

Schaftlose Primel *Primula vulgaris* HUDS.
Fam. Primelgewächse (*Primulaceae*)
Mehrjährige Pflanze ohne Stengel. Blätter alle in bodenständiger Rosette, 8–15 cm lang, verkehrt-eiförmig bis spatelig, unregelmäßig gezähnt, vorne stumpf, unterseits behaart, ungestielt. Blüten bis 3 cm breit, gelb oder (sehr selten) rosa, einzeln oder zu wenigen an einem aufrechten Schaft. Kronröhre etwa 15 mm lang, im Mündungsbereich mit grünlicher Markierung, Kronzipfel flach, vorne leicht ausgerandet. An offenen, grasigen Stellen entlang von Waldrändern und Hecken. In der Bundesrepublik Deutschland sehr selten und geschützt, in Frankreich und England häufiger, dort stellenweise gefährdet. Blüten III–V.

Kandierte Veilchen-Blüten
Veilchenblüten
1 Eiweiß
Rosenwasser
Puderzucker
Eiweiß mit etwas Rosenwasser schlagen. Die Mischung mit einem weichen Pinsel auf die Veilchenblüten auftragen. Die bestrichenen Blüten in Puderzucker wälzen und über Nacht trocknen lassen. Statt Veilchen- kann man auch Primelblüten verwenden.

Am hübschesten sehen März-Veilchen aber immer noch in freier Natur aus. Aufnahme 1. April.

Die Schaftlose Primel (*Primula vulgaris*) ist in Mitteleuropa recht selten. Aufnahme 1. April.

Rapünzchen (*Valerianella locusta*) ist auf Ackerland recht häufig als Unkraut zu finden. Aufnahme 28. Mai.

Gemeines Rapünzchen, Feldsalat *Valerianella locusta* (LAT.) BETCKE Fam. Baldriangewächse (*Valerianaceae*) Kleine, einjährige, etwa 5–40 cm hohe Pflanze mit brüchigem, meist liegendem, verzweigtem Stengel. Untere Stengelblätter 1,5–7 cm lang, paddelförmig, vorne stumpf, ganzrandig oder fein gesägt. Obere Stengelblätter kürzer, lanzettlich, stumpf oder wenig zugespitzt. Blüten sehr klein und unauffällig, in kopfigen Blütenständen. Kelche kaum entwickelt, meist blaß lila. Verbreitet bis zerstreut auf lehmigen Äckern, an Säumen und Wegrändern. Blüten IV–VI.

Die Blütenblätter der Heckenrose können zur Bowle verwendet werden. Aufnahme 1. Mai. Pflanzenbeschreibung Seite 143.

Rapünzchen-Salat

Feldsalat
1 Zwiebel, fein gehackt
100 g Schafskäse
schwarze Oliven
1 Knoblauchzehe, zerdrückt
Saft einer halben Zitrone
2 EL Olivenöl
Salz, Pfeffer

Untere Stengelblätter oder (im Herbst) Rosettenblätter sammeln und gründlich waschen, kurz abtropfen, mit der Zwiebel, dem Schafskäse und den Oliven mischen. Aus den restlichen Zutaten eine Sauce herstellen und kurz vor dem Anrichten über den Salat gießen.

Huflattich (*Tussilago farfara*) gehört zu den Frühblühern in der heimischen Flora. Aufnahme 18. April.

Stechginster (*Ulex europaeus*) in voller Blüte sind eine Zierde der Landschaft. Aufnahme 22. April.

Huflattich *Tussilago farfara* L.
Fam. Korbblütengewächse (*Asteraceae*)
Mehrjährige Pflanze mit weißlichen, schuppenbesetzten Ausläufern. Blätter erscheinen erst nach der Blüte, alle grundständig, 8–30 cm breit, von rundlichem bis vieleckigem Umriß mit etwa 12 spitzen Zipfeln, anfangs auf beiden Seiten, später nur noch unterseits behaart bis weißfilzig. Blütenköpfe endständig, einzeln, an 3–15 cm langen Schäften von weißlicher bis purpurner Färbung. Strahlenblüten sehr zahlreich, gelb, überwiegend weiblich; Scheibenblüten männlich, nur zu wenigen. Ziemlich häufige und weit verbreitete Pflanze an Wegrändern, in verschiedenen Unkrautfluren auf Schuttstellen und Ödland, meist auf lehmigem Boden. Blüten III–IV. Huflattich ist eine seit langem gebräuchliche Heilpflanze. Die Blätter enthalten Gerb- und Schleimstoffe und sind zur Zubereitung von Hustentee sehr gut geeignet. Frische Blätter und Sprosse können wie Spinat verwendet werden.

Huflattich-Tee
Im Mai–Juli junge Huflattich-Blätter sammeln, in Streifen schneiden und am besten schnell in der Sonne trocknen lassen. Pro Tasse Tee werden dann 2 TL getrocknete Blätter mit kochendem Wasser übergossen, ca. 10 Min. ziehen lassen und mit Honig süßen. Bei Husten 2- bis 3mal täglich eine Tasse Huflattich-Tee trinken.

Stechginster *Ulex europaeus* L.
Fam. Schmetterlingsblütengewächse (*Fabaceae*)
Dichtbuschiger, sehr stark verzweigter, sparriger Strauch von 60–200 cm Höhe. Äste und Zweige starr, aufrecht. Blätter nadelförmig, wechselständig, einfach oder dreizählig gefiedert, die oberen pfriemlich, die unteren stachelspitzig und sehr steif. Viele Blätter in 6–15 mm lange Blattdornen umgewandelt. Zweige gefurcht und anfangs abstehend behaart. Blüten groß, goldgelb, kurz gestielt, einzeln in den Blattachseln. Kelchblätter und Hülse zottig behaart. Nur im atlantischen Bereich und besonders in Küstennähe auf Heiden und in sandigen Kiefernwäldern. In Norddeutschland sehr zerstreut. Blüten V–VI. Gelegentlich als Wildäsung angepflanzt.
Stechginster-Blüten werden schon seit Jahrhunderten zu einem weinartigen Getränk verarbeitet, das besonders in Irland und Schottland recht beliebt ist.
Die Blüten des einheimischen Besenginsters (*Sarothamnus scoparius*) sollten nicht als Ersatz genommen werden, da sie (örtlich unterschiedlich) giftige Alkaloide enthalten!

Stechginsterblüten-Tee
Etwa 2 EL frisch gesammelte Stechginsterblüten werden in ½ Liter Wasser aufgebrüht. Vor dem Aufgießen des kochenden Wassers sollte man die Blüten etwas zerquetschen oder zerkleinern. Etwa 7–10 Min. ziehen lassen und dann abgießen. Mit Honig gesüßt, entfaltet dieser Blütentee ein überraschend angenehmes Aroma. Die Blüten können auch in größerer Menge gesammelt und getrocknet werden. Von den getrockneten Blüten nimmt man jedoch nur 1 EL für einen Aufguß. Nur solche Blüten sammeln, die voll aufgeblüht sind.

Wiesen-Primel (*Primula veris*) – selbst zum Pflücken zu schade. Aufnahme 20. April.

Wiesen-Schaumkraut (*Cardamine pratensis*). Aufnahme 29. April.

Gegenblättriges Milzkraut *Chrysosplenium oppositifolium* L.
Fam. Steinbrechgewächse (*Saxifragaceae*)
Kleine, nur etwa 5–10 cm hohe Pflanze mit deutlich vierkantigem Stengel. Alle Blätter gegenständig, kurzgestielt, von rundlichem Umriß, gelbgrün. Blüten unscheinbar grünlich-gelb. Sehr zerstreut an überrieselten Felsen oder in nährstoffreichen Quellfluren. Blüten IV–VI.
Diese Pflanze eignet sich zusammen mit anderen Kräutern hervorragend als Wildgemüse. Man sollte sie aber nur dort sammeln, wo große Mengen davon wachsen. Anderenfalls gefährdet man die ohnehin schwindenden Bestände dieser hübschen Pflanze.

Wiesen-Schaumkraut *Cardamine pratensis* L.
Fam. Kreuzblütengewächse (*Brassicaceae*)
Mehrjährige Pflanze mit langem, kriechendem Wurzelstock, manchmal auch mit langen Ausläufern, bis 60 cm hoch, kahl. Grundblätter in bodenständiger Rosette, unpaarig gefiedert, lang gestielt. Stengelblätter ähnlich, kürzer gestielt. Oberste Stengelblätter ganzrandig, lanzettlich. Blüten in endständigen Trauben ohne Tragblätter. Kelchblätter 4, mit hellvioletten Spitzen. Kronblätter 4, etwa 3mal so lang wie der Kelch, weiß oder hell-lila. Staubblätter immer gelb. Schoten um 5 cm lang, 1–2 mm breit, lang gestielt. Ziemlich häufige Art an Waldsäumen, in lichten Wäldern oder besonders in feuchten Wiesen. Blüten V–VII.
Die Blätter dieser Pflanze ähneln im Geschmack denen der Wasserkresse. Wer diesen etwas scharfen Geschmack schätzt, kann Wiesen-Schaumkraut in Salaten oder Brotaufstrichen verwenden.

Wiesen-Primel *Primula veris* L.
Fam. Primelgewächse (*Primulaceae*)
Mehrjährige Pflanze mit gedrungenem, kurzem Wurzelstock. Oberirdische Teile meist stärker flaumhaarig. Blätter 5–20 cm lang, länglich-oval, am Grunde spatelig verschmälert, gekerbt, meist etwas runzlig, vorne stumpf. Blüten zu mehreren in einer endständigen Dolde auf langem, aufrechtem, bis 30 cm hohem Schaft, nickend. Kelch bis 16 mm lang, 5zähnig, hellgrün bis bleichgrün. Krone dottergelb oder hellgelb, am Grunde orangerot gefleckt. Kronröhre etwa so lang wie der Kelch mit ausgerandeten, trichterig gestellten Kronzipfeln. Verbreitet bis zerstreut auf trockenen Wiesen oder Halbtrockenrasen, an Dämmen und Böschungen oder in Trockenwäldern. Blüten IV–V. Steht unter Naturschutz!

Meerkohl *Crambe maritima* L.
Fam. Kreuzblütengewächse (*Brassicaceae*)
Recht ansehnliche, mehrjährige Pflanze mit fleischigem, verzweigtem Wurzelstock. Stengel etwa 20–60 cm hoch und 2–3 cm dick, meist aufrecht oder aufsteigend, von Grund an verzweigt. Blätter sehr groß, bis 30 cm lang, oval, blaugrün bereift, buchtig gelappt oder stark gewellt, mit kräftiger, deutlicher Mittelrippe. Blüten in großen, rispigen Blütenständen, bis 16 mm breit. Kelchblätter 4, abstehend. Kronblätter 4, weißlich, etwa 1 cm lang. Schötchen 15 mm lang und bis 8 mm breit, öffnen sich nicht, werden von der Brandung verbreitet. Nur in den Küstensäumen von Nord- und Nordwesteuropa in Dünen, auf Klippen, in Strandwällen und Spülsäumen verbreitet. Auch im Ostseegebiet vereinzelt. Blüten III–VI.
In den angelsächsischen Ländern wurde der Meerkohl früher häufig als Wildgemüse gesammelt.

Meerkohl (*Crambe maritima*) an seinem typischen Standort. Aufnahme 19. April.

Meerkohl (*Crambe maritima*) wird in manchen Küstenregionen gerne wie Spargel zubereitet. Aufnahme 23 April.

Knöterich-Pudding – ein traditionelles Gericht im englischen Lake District. Aufnahme 18. April.

Wiesen-Knöterich *Polygonum bistorta* L.
Fam. Knöterichgewächse (*Polygonaceae*)
Mehrjährige Pflanze mit dickem, kräftigem, mehrfach gewundenem Wurzelstock – daher oft auch als Schlangenwurzel bezeichnet. Stengel aufrecht, meist unverzweigt, bis etwa 100 cm hoch. Grundblätter 5–15 cm lang, breit-oval, am Grunde herzförmig oder leicht gestutzt. Blattstiele im oberen Teil unterhalb der Blattspreite geflügelt. Stengelblätter dreieckig, mit stengelumfassenden, längsstreifigen Blattscheiden. Blüten sehr zahlreich in einem endständigen, walzenförmigen, bis 1,5 cm dicken Blütenstand, dieser aufrecht, sehr dicht, ohne Tragblätter. Blütenhüllblätter meist rosa oder weißlich-rot, seltener gänzlich weiß. Verbreitet bis zerstreut in nährstoffreichen Wiesen, typischen Feuchtwiesen und Hochstaudenfluren auf grundwassernahen Standorten. Nördlich der Mittelgebirge ziemlich selten. Blüten VI–VIII.

Die Blätter des Wiesen-Knöterichs oder Schlangen-Knöterichs eignen sich hervorragend als Wildgemüse. Da ihnen der hohe Oxalsäuregehalt fehlt, der den nahe verwandten Sauerampfer auszeichnet, sind sie sogar noch wesentlich unbedenklicher. Knöterich-Blätter schmecken im übrigen viel besser als Spinat. Die ziemlich stärkereichen Wurzeln werden dagegen nur in Notzeiten verzehrt, da sie selbst nach längerem Garen immer noch reichlich zäh sind.
Knöterich-Pudding ist in manchen Gegenden Englands ein sehr populäres Gericht, mit dem sich vielfach auch ein besonderes Brauchtum verbindet. Es wird besonders um die Osterzeit gegessen, wenn junge Blätter und Sprosse zur Verfügung stehen.

Wiesen-Knöterich (*Polygonum bistorta*). Aufnahme 18. April.

Wiesen-Knöterich (*Polygonum bistorta*) in Blüte. Aufnahme 27. Juni.

Knöterich-Pudding (4 Portionen)

450 g junge Knöterich- und Brennessel-Sproßspitzen, fein gehackt
1 große Zweibel, fein gehackt
125 g Gerste
Butter
Hafermehl
1 Ei
Pfeffer, Salz
Fett

Kräuter und Zwiebeln zerkleinern, Gerste und Salz darüberstreuen. Etwa 2 Stunden in einem Tuchbeutel kochen. Anschließend in einem Topf zusammen mit etwas Butter, Hafermehl und einem Ei schlagen, in kleine Bälle formen und in Fett ausbacken.

Wiesen-Sauerampfer (*Rumex acetosella*) ist eines der bekanntesten Wildgemüse. Er wird sehr gerne – auch in der Feinschmecker-Küche – zu Suppen, Saucen und Salaten verwendet. Aufnahme 1. Mai.

Wiesen-Sauerampfer *Rumex acetosa* L.
Fam. Knöterichgewächse (*Polygonaceae*)
Mehrjährige Pflanze mit meist aufrechtem, kahlem und nur im oberen Teil ästigem Stengel, etwa 20–70 cm hoch. Blätter wechselständig, 3–10 cm lang, länglich-lanzettlich mit pfeilförmigem Blattgrund, vorne spitz oder leicht abgestumpft. Stengelblätter fast sitzend, Blattgrund stengelumfassend. Blüten wirtelig an verlängerten Achsen. Blütenstandsregion gewöhnlich ohne Blätter, bis etwa 40 cm lang. Blütenhüllblätter zu 6 in 2 Kreisen, die äußeren nach dem Abblühen zurückgeschlagen, die inneren 3–4 cm lang, rundlich bis herzförmig, grünlich-rot oder purpurrot. Sehr häufige Pflanze in Wiesen, Weiden, Gräben, Gebüschen oder an Wegrändern, meist auf frischen Böden. Blüten IV–V.
Sauerampfer gehört zu den bekanntesten Wildgemüsen,

Fisch mit Ampfer-Sauce, eine besondere Geschmacksnote. Aufnahme 14. April.

die neben der Brennessel vor allem auch in Notzeiten häufig verzehrt wurden. In vielen Ländern Europas wurde Sauerampfer auch schon vor der Bronzezeit angebaut. Später kamen andere Arten aus der gleichen Familie hinzu, besonders der ursprünglich nur im Mittelmeergebiet heimische Schild-Ampfer (*Rumex scutatus*), der sich in Deutschland als Kloster- und Burggartenflüchtling noch an vielen Stellen in den wärmeren Gegenden des Rheinlandes findet.
Neben Vitamin C enthält die Pflanze reichliche Mengen von Oxalsäure, die auch für den angenehm säuerlichen Geschmack der Blätter und jungen Sproßteile verantwortlich ist. Der Säuregehalt ist so hoch, daß ein kleines Quantum Preßsaft sogar die Gerinnung der Milch-Proteine auslöst. Von den Lappen wird Ampfer-Preßsaft deshalb traditionell auch als Ersatz für das Labferment verwendet.
In der Küche wird Sauerampfer zunehmend wieder neu entdeckt. In vielen französischen Restaurants wird man „surèle", wie die Pflanze dort genannt wird, auf den Speisekarten und in den Menü-Aufstellungen finden. Verwendet werden ausschließlich die jungen Teile der Pflanze, da sich später ein unangenehm bitterer Beigeschmack einstellt.

Sauerampfer-Suppe (4 Portionen)
1 Handvoll Sauerampfer-Blätter, klein geschnitten
1 kleiner Kopfsalat, klein geschnitten
1 große Zwiebel, fein gehackt
12 g Butter
1 Liter Hühner- oder Fleischbrühe
etwas Milch
Salz, Pfeffer
Sauerampfer, Salat und Zwiebel in Butter andünsten, aber nicht bräunen lassen. Brühe hinzugeben und ohne Deckel 20–30 Min. leicht köcheln lassen. Anschließend durch ein Sieb passieren. Milch und Gewürze hinzugeben. Mit Croûtons servieren und eventuell noch ein geschlagenes Eigelb unterheben.
(Anstelle der Kopfsalat-Blätter können auch andere Wildkraut-Arten, beispielsweise Vogelmiere, verwendet werden.)

Sauerampfer-Salat (4 Portionen)
1 Handvoll Sauerampfer-Blätter
1 kleiner Kopfsalat
½ Knoblauchzehe
verschiedene Gewürzkräuter (Schnittlauch, Petersilie, Knoblauchshederich u. ä.), fein gehackt
2 EL Olivenöl
Salz, Pfeffer
Sauerampfer und Kopfsalat gründlich waschen und gut abtropfen lassen. Aus den übrigen Zutaten eine Salatsauce zubereiten und unter den Salat mischen.

Ampfer-Blätter in Butter
Sauerampferblätter nur wenig zerkleinern und gründlich waschen. Nur mit dem anhängenden Wasser in einem Topf erhitzen und etwa 10 Min. garen. Wasser abgießen und in Butter schwenken. Nach Geschmack würzen und heiß servieren.

Sauerampfer-Sauce
125 g Sauerampfer-Blätter
2 kleine Zwiebeln, fein gehackt
2 EL Wermut
4 EL trockener Weißwein
3 Eigelb
250 g leicht gesalzene Butter
Ampferblätter gründlich waschen und in feine Streifchen schneiden. Zwiebeln in Weißwein und etwa der gleichen Menge Wasser erhitzen, bis die Flüssigkeit fast verdampft ist. Dann zusammen mit den Eigelb in einem Mixer zerkleinern und vermischen. Ampfer-Blätter (nur die Hälfte der vorgesehenen Menge) mit Butter erhitzen und anschließend unter ständigem Rühren über die Ei-Mischung gießen. Nach Geschmack noch etwas würzen, die restlichen Ampfer-Blätter hinzugeben und warm halten.
Diese Sauce wird vor allem zu verschiedenen Fischgerichten verwendet.

Sauerampfercreme
70 g Sauerampferblätter
3 kleine Zwiebeln, fein gehackt
1 EL Butter
1 Eigelb
1 TL Zitronensaft
1 EL Sahne
Salz, Pfeffer
Salatöl
Sauerampferblätter waschen, Stiele entfernen, in Streifen schneiden. Zwiebeln in Butter andünsten und nach ca. 5 Min. Sauerampfer zufügen und weitere 5 Min. dünsten lassen. Das Ganze abkühlen lassen und pürieren. Aus Eigelb und Zitronensaft eine dickliche Masse schlagen, nach und nach Öl (etwa ⅛ Liter) zufügen, das Ampfer-Püree zugeben und die Sahne unterrühren.

Wald-Sauerklee *Oxalis acetosella* L.
Fam. Sauerkleegewächse (*Oxalidaceae*)
Zierliche Pflanze mit kriechendem Wurzelstock. Blätter alle grundständig. Blattstiele bis 15 cm lang, aufrecht oder aufsteigend. Blattspreiten klee-ähnlich, Blättchen 1–2 cm lang, breit herzförmig, hellgrün, werden bei Dunkelheit zusammengefaltet. Blüten radiär, zwittrig, endständig, einzeln, auf langen Blütenstielen. Kelchblätter 5, ziegelartig überlappend. Kronblätter 5, weiß, mit feinem Streifenmuster. Verbreitet bis häufig in bodensauren Laub- und Nadelwäldern. Blüten IV–VI.
Wald-Sauerklee enthält große Menge Oxalsäure und wird daher manchmal als Ersatz für Sauerampfer vorgeschlagen. Das Sammeln dieser kleinen Pflanze ist jedoch recht mühsam. Zudem besteht bei zu reichlichem Verzehr oxalsäurehaltiger Pflanzen die Gefahr von Gallen- und Nierensteinbildung.

Löwenzahnblüten-Wein hat ein feines, etwas scharfes Aroma, das an einen sehr milden Retsina erinnert. Aufnahme 21. April.

Löwenzahn, Kuhblume *Taraxacum officinale* WEBER
Fam. Korbblütengewächse (*Asteraceae*)
Mehrjährige, recht formenreiche und meist ansehnliche Pflanze mit weißem Milchsaft in allen Teilen. Wurzel tiefreichend, rübenartig verdickt, fleischig. Blätter alle grundständig in einer spiraligen Rosette, ganzrandig oder (wesentlich häufiger) schrotsägeförmig bis unregelmäßig tief fiederspaltig oder buchtig gelappt. Endabschnitt meist ziemlich groß, abgerundet-stumpf oder spitz zulaufend. Blütenköpfe 25–60 mm breit, einzeln, endständig auf hohlem, rötlichem, 2–40 cm langem Schaft. Hüllblätter der Köpfe in 2 Reihen, die inneren aufrecht und anliegend, die äußeren etwas kürzer und meist umgerollt oder abstehend, alle linealisch bis lanzettlich, leicht zugespitzt. Blüten alle zungenförmig, sehr zahlreich, goldgelb, zwittrig. Pappus mit mehreren Reihen rauher, weißer Haare. Weltweit in Unkrautfluren, an Wegrändern, auf Fettwiesen- und -weiden verbreitet. Zeigt Überdüngung des Standorts an. Wertvolle Futterpflanze, jedoch nur für die Grünfütterung, nicht als Heu geeignet. Blüten IV–IX.
Löwenzahn, französisch „dent-de-lion" und davon durch Verballhornung abgeleitet englisch „dandelion", erhielt seinen Namen wegen der grob gezähnten Blätter oder wegen seiner in eine weiße Spitze auslaufenden Wurzeln. Die arzneiliche Verwendung dieser Pflanze kann auf eine lange Tradition zurückblicken. Schon im 10. Jahrhundert beschrieb der arabische Arzt Avicenna die fördernden Wirkungen des Löwenzahns auf die Verdauungssekrete. Spätestens seit dem hohen Mittelalter wird die Pflanze auch als Wildgemüse gegessen. Wegen ihrer Häufigkeit, die nach der regelmäßigen Aufdüngung der Grünlandstandorte allerdings noch erheblich zugenommen hat, wurde Löwenzahn nie als Gartenpflanze angebaut.
Verwendet werden fast ausschließlich die jungen, noch zarten Blätter, denn alle ausgewachsenen Teile der Pflanze sind wegen ihres enormen Bitterstoffgehaltes ungeeignet. Wie bei allen Wildpflanzen kann man den gegebenenfalls zu starken bitteren Beigeschmack dadurch merklich mildern, daß man das Sammelgut über Nacht in Wasser stehen läßt. Junge Löwenzahn-Blätter sind das ganze Jahr über verfügbar, da die Pflanze mit ihrer bodenanliegenden Rosette überwintert.

Löwenzahnblüten-Wein
1 Liter Löwenzahn-Blüten
1 kg Zucker
2 Orangen
2 TL Hefe
2 Liter kochendes Wasser
Löwenzahn-Blüten an einem sonnigen Tag sammeln und alle grünen Teile daran entfernen. In ein Gefäß füllen und leicht einstampfen, anschließend mit kochendem Wasser übergießen. Aufguß 2–3 Tage stehen lassen, dann vorsichtig abgießen und in eine Ballonflasche füllen. Zuckerlösung ansetzen und Hefe einrühren. Orangenschale reiben, Saft auspressen und Gärgefäß mit abgekochtem, aber abgekühltem Wasser auffüllen. Lose verschließen und abwarten, bis die Gärung zum Stillstand kommt. Anschließend in saubere Gefäße umfüllen, möglichst lange stehen lassen, da sich der Geschmack mit der Zeit beträchtlich verbessert. Je weniger grüne Blütenkopfteile (Hüllblätter usw.) verarbeitet werden, um so weniger wird der Löwenzahnwein einen harzigen Beigeschmack bekommen.

Löwenzahn-Salat
Junge, noch zarte Löwenzahnblätter gründlich wässern, etwas zerkleinern, mit Olivenöl, etwas Zitronensaft und wenig Zucker anrühren. Nach gründlichem Durchmischen mit fein

Löwenzahn-Salat mit Croûtons und Speckstückchen serviert. Aufnahme 2. April.

gehackter Petersilie, Zwiebel, Borretsch und/oder etwas Knoblauch garnieren.
In französischen Restaurants wird Löwenzahn in ähnlicher Form angeboten. Französischer Löwenzahn-Salat wird meist mit Weinessig angerührt und mit knusprig gebratenen Speckstückchen sowie Salz und Pfeffer gemischt.
Kerbel oder eine gewürfelte Scheibe Toastbrot sind ebenfalls geeignete Zutaten zu diesem recht rustikalen Salat.

Löwenzahnblüten-Wein – ein älteres Rezept
3 Liter Löwenzahn-Blüten
1¼ kg Zucker
1 Orange (Saft und Schale)
1 Zitrone (Saft und Schale)
4,5 Liter Wasser
Hefe
Die Zitronen- und Orangenschalen zusammen mit den Lö-

wenzahn-Blüten in einem feinen Tuchbeutel etwa 20 Min. lang in Wasser kochen. Tuchbeutel anschließend etwas auspressen und entfernen. Die verbleibende Lösung mit dem Zucker verrühren. Nach Abkühlung Zitronen- und Orangensaft hinzugeben und Hefe einmischen. Etwa 3 Tage vorgären lassen, dann in einen Gärballon umfüllen und Gärungsende abwarten. Vorsichtig in gründlich vorgereinigte Flaschen abfüllen. In den gut verschlossenen Flaschen reifen lassen.

„Löwenzahn-Bier"

Dieses heute nahezu in Vergessenheit geratene Getränk wurde in den vergangenen Jahrhunderten gerne von den Arbeitern in Eisenhütten, Ziegeleien und Töpfereien getrunken. Es gilt nicht nur als Erfrischungsgetränk, sondern auch als Heilmittel, in dem die arzneilichen Wirkungen des Löwenzahns zur Geltung kommen. Für die sprichwörtliche Frühjahrskur oder bei Magenbeschwerden nach zu schwerem Essen ist es daher eine gute Empfehlung.

225 g junge Löwenzahn-Pflanzen
1 Zitrone
4,5 Liter Wasser
12 g Ingwerwurzel
25 g Hefe
450 g Zucker
25 g Tartarcreme

Pflanzen gründlich waschen. Von den Wurzeln alle fädigen und haarigen Anteile entfernen, ohne die Hauptwurzel zu brechen. Pflanzen mit zerstoßener Ingwerwurzel, Zitronenschale und Wasser 10 Min. lang kochen, dann die Flüssigkeit abgießen und zusammen mit den übrigen Zutaten in ein Gärgefäß einfüllen. Nach dem Abkühlen Hefe hinzugeben, etwas Zitronensaft einrühren, lose verschließen und etwa 5 Tage lang in einem warmen Raum stehen lassen. Anschließend Bodensatz abfiltrieren und in verschließbare Flaschen füllen. Nach einer Woche kann dieses Löwenzahn-Getränk getrunken werden. Es ist nicht sehr lange haltbar. Flaschen täglich kontrollieren, ob sich nicht zu viel Druck entwickelt.

Um Löwenzahn-Blätter zu bleichen, kann man die Pflanzen ausgraben, im Dunkeln in Sand einschlagen und die Entwicklung neuer, sehr zart schmeckender Blätter abwarten. Aufnahme 25. Mai.

Gundermann (*Glechoma hederacea*) ist eine im Frühjahr auffallende, recht häufige Pflanze. Aufnahme 12. Mai.

Löwenzahn-Honig

100 g Löwenzahnblüten ohne Hüllblätter
½ Liter Wasser
500 g Zucker

Blütenkörbchen teilen, Blüten herausstreifen. Die äußeren, grünen Hüllblätter schmecken bitter! Im Wasser 6 Min. durchkochen, abseihen und ausdrücken. Den gewonnenen Saft in ca. 15 Min. mit Zucker sprudelnd bis zur Sirupdicke einkochen, heiß in Gläser füllen.

Löwenzahn-Honig kann auskristallisieren. Im heißen Wasserbad wird er wieder flüssig. Er wird nach Bedarf frisch gekocht. Während der Löwenzahnblüte Saft bereiten und in ½-Liter-Behältern einfrieren. Daraus kann das ganze Jahr über frischer Honig gekocht werden (aus LAUX, Kochrezepte für Naturfreunde).

Löwenzahn-Gelee

300 g Löwenzahnblüten ohne Hüllblätter
1½ Liter Wasser
1,8 kg Gelierzucker
Saft von 1 Zitrone

Blütenkörbchen teilen, Blüten herausstreifen und im Wasser 6 Min. durchkochen. Abseihen und ausdrücken. Den erkalteten Saft mit Gelierzucker und Zitronensaft zum Kochen bringen. 4 Min. sprudelnd kochen. Gelee heiß in Gläser füllen (aus LAUX, Kochrezepte für Naturfreunde).

Gundermann, Gundelrebe *Glechoma hederacea* L.
Fam. Lippenblütengewächse (*Lamiaceae*)

Mehrjährige, kleine Pflanze mit nichtblühenden, weithin kriechenden Stengeln und 10–40 cm hohen blühenden Stengeln, an den Knoten wurzelnd. Blätter kreuzgegenständig, manchmal allerdings etwas gegen das Licht gedreht, 3–70 mm lang, rundlich-herzförmig bis nierenförmig, meist stumpflich, am Rande gekerbt, kahl. Blüten zweiseitig symmetrisch, zu 1–2 in einseitswendigen, blattachselständigen Scheinquirlen. Kelch behaart, röhrig bis glockig, etwa 7 mm lang. Krone 2lippig, 10–20 mm lang, blaß violettblau, seltener auch rosa oder weißlich. Oberlippe sehr flach, kaum gewölbt. Sehr häufige Pflanze an Säumen, in Gebüschen und lichten Wäldern, auf Schlägen und in krautreichen Wiesen. Blüten IV–VI.

Die jungen im Frühjahr gesammelten Blätter und Sprosse (vor dem Aufblühen!) können in Wildpflanzensalaten oder als Wildgemüse verwendet werden. In England wurde die Pflanze früher beim Klaren des Bieres eingesetzt, eine Technik, die schon seit langem aus der Mode gekommen ist.

Pilz-Soufflé mit Mairitterlingen (*Tricholoma gambosum*). Aufnahme 28. April.

Mairitterling, Maipilz *Tricholoma gambosum* (FR.) KUMMER Fam. Ritterpilze (*Tricholomataceae*)
Hut 5–15 cm breit, anfangs stark kugelig, später ausgebreitet, oft auch unregelmäßig wellig und mitunter eingerissen, weiß, weißlich oder hell cremefarben, seltener auch zitronengelb, glatt, kahl, ziemlich dickfleischig, am Rande etwas eingerollt. Stiel 20–40 × 10–25 mm, weiß oder von der gleichen Färbung wie der Hut, zylindrisch, recht kurz, dick, zäh. Lamellen gedrängt und engständig, schmal, weißlich, mit einem Zahn kurz herablaufend. Sporenpulver weiß. Fruchtkörperfleisch weiß, deutlich mehlig-gurkig riechend und von ähnlichem Geschmack. Meist gesellig an Waldrändern, in Wiesen oder an Wegen und entlang von Hecken. Sammelzeit IV–VI. Wertvoller Frühsommerpilz. Eßbar.
Der anfangs etwas eigenartige Geruch und Geschmack verliert sich bei der Zubereitung. Am besten nur junge, noch nicht voll entfaltete Exemplare verwenden.

Mairitterlinge (2 Portionen)
300 g frische Pilze
50 g Butter
1–2 EL Joghurt
Majoran, Petersilie, Oregano, Pfeffer
Gesäuberte und zerkleinerte Pilze zusammen mit den Kräu-

tern und Gewürzen in Butter garen (5–10 Min.). Flüssigkeit dabei verdampfen lassen. Joghurt zugeben und weitere 15–20 Min. lang erhitzen. Nicht aufkochen lassen, da sonst die Gefahr des Gerinnens besteht. Fertiges Gericht mit Toast servieren.

Maipilz-Soufflé (4 Portionen)
Teig:
35 g Butter
50 g Mehl
¼ Liter Milch
3 Eier, getrennt
Salz, Pfeffer
Ofen auf 200 °C vorheizen. Feuerfeste Form mit Butter einfetten. Butter schmelzen und mit Mehl, Salz und Pfeffer zu einer weichen Paste verrühren. Milch langsam zugießen. Erhitzen und etwa 1 Min. lang aufkochen lassen, dabei aber ständig umrühren. Eigelb schlagen und zugeben, weiter erhitzen, aber nicht zum Sieden bringen. Dann abkühlen lassen.
Eiweiß steif schlagen und in die abgekühlte Paste einrühren. Dann in die vorbereitete Form geben und im Ofen etwa 25 Min. ausbacken.
Füllung:
25 g Butter
100 g frische Maipilze
50 g saure Sahne
½ Zwiebel, fein gehackt
100 g geriebener Käse
2 EL Mehl
Petersilie, fein gehackt
etwas gekochter, fein gehackter Spinat
Pilze in Butter garen (5 Min.). Spinat, Petersilie, Zwiebeln und übrige Gewürze hinzugeben, zuletzt das Mehl einrühren. Etwa 2 Min. stark erhitzen. Zum Schluß Käse und Sahne einrühren und alles gründlich vermischen. Füllung in das Soufflé geben, kurz im Ofen (etwa 3 Min.) erhitzen und heiß servieren. Ähnlich können fast alle anderen Speisepilze zubereitet werden.

Judasohr *Auricularia auricula-judae* ST. AMANS
Fam. Gallertpilze (*Auriculariaceae*)
Fruchtkörper etwa 3–8 cm breit, gelatinös, weich, ohrförmig, nach dem Trocknen sehr zäh, hart und hornig, außen rötlichbraun, innen dunkelbraun bis graubraun, glatt oder bucklig bis runzlig. Sporen weiß, wurstförmig. Nur an den Stämmen lebender Laubbäume, überwiegend an altem Holunder. Ganzjährig anzutreffen, meist jedoch im Frühherbst. Dieser eigenartig aussehende und benannte Pilz hat eine lange kulinarische Tradition. In Ostasien werden seine nahe verwandten Arten als Speisepilze hochgeschätzt. Man sammelt die Fruchtkörper, solange sie noch jung und weich sind. Dazu werden sie nicht von ihrer Unterlage abgerissen, sondern sorgsam mit einem Messer abgeschnitten, gründlich gewaschen und in feine Streifchen zerlegt.

Judasohr-Rollen (4 Portionen)
225 g Pilze
50 g Butter
3–4 Knoblauchzehen, fein gehackt
Thymian, Petersilie, fein gehackt
Salz, Pfeffer
4 Scheiben Weißbrot
Pilze in Butter zusammen mit den Kräutern und Gewürzen etwa 20–30 Min. lang garen, auf das entrindete Weißbrot geben und einrollen. Anschließend im Ofen noch einmal kurz überbräunen.

Mairitterlinge, mit Joghurt und Kräutern zubereitet. Aufnahme 30. April.

Judasohr (*Auricularia auriculae-judae*) wächst bevorzugt auf alten Holunderstämmen. Aufnahme 5. Mai.

Hopfensproß-Omelette, ein ungewöhnliches, aber sehr delikates Gericht. Aufnahme 1. Mai.

Gemeiner Hopfen *Humulus lupulus* L.
Fam. Hanfgewächse (*Cannabaceae*)
Mehrjährige Kletterpflanze mit langen, dünnen, sehr rauhen Stengeln, die im Uhrzeigersinn winden, etwa 40–150 cm hoch. Blätter gestielt, gegenständig, 5–15 cm lang, breit oval, am Grunde herzförmig, meist tief 3- bis 5lappig geteilt, seltener auch ungeteilt, am Rande gezähnt, Zipfel spitz. Blüten eingeschlechtig, männliche Blüten in lockeren Rispen, je 4–5 mm breit; weibliche Blüten in zapfenähnlichen Blütenständen („Hopfendolden“) mit breit ovalen, überlappenden Tragblättern, diese am Grunde drüsig, zur Blütezeit um 2 cm lang, nach der Fruchtreife bis 5 cm lang. Verbreitet in Auen- und Niederungswäldern, in Gebüschen und Schleiergesellschaften. Regional auch Anbau an langen Klettergerüsten. Blüten VII–IX.
Sowohl von den angebauten Kulturpflanzen wie auch vom Wildhopfen können die bis etwa Mitte Mai gesammelten jungen Sprosse als Wildgemüse oder -salat verwendet werden. Ein besonders wohlschmeckendes Gericht ist ein

Hopfensprossen-Omelette (2 Portionen)
4 Eier
1 Handvoll Hopfen-Sprosse
Salz, Pfeffer
Olivenöl
Eier schlagen und nach Geschmack würzen. Hopfen-Sprosse hinzugeben, jedoch nur die vorderen 5 cm verwenden. In Olivenöl ausbacken, Omelette halbieren und servieren.

Hopfensproß-Suppe
1 Liter Hühner- oder Fleischbrühe
1 kleine Dose Erbsen
1 Handvoll Hopfensprosse, fein gehackt
1 Zwiebel, in Ringe geschnitten
Salz, Cayenne-Pfeffer
Butter
Zwiebelringe in Butter glasieren. Hühner- oder Fleischbrühe erhitzen, Zwiebeln und Erbsen und Hopfensprosse hinzufügen und etwa eine halbe Stunde erhitzen. Nach Geschmack mit Cayenne-Pfeffer oder anderen Gewürzen versehen und mit Croûtons servieren.

Hopfensprosse in Butter
Junge Sprosse (nicht später als Mitte Mai sammeln!) in fingerlange Stücke schneiden und in kaltem Salzwasser einlegen. Anschließend abträufeln, abtrocknen und in kochendem Wasser garen. Wasser abgießen, Hopfen in eine Pfanne geben und zusammen mit Butter und etwas Gewürz kurz anbräunen. Heiß seriveren.

Süßdolde *Myrrhis odorata* (L.) SCOP.
Fam. Doldengewächse (*Apiaceae*)
Mehrjährige, stark aromatische Pflanze mit kräftigem, hohlem, gefurchtem, aufrechtem Stengel, etwa 50–120 cm hoch. Blätter am Grunde mit großer Blattscheide, 2- bis 3fach gefiedert, 10–30 cm lang, unterseits blaßgrün, oberseits deutlich dunkler. Einzelne Fiederabschnitte länglichoval, fiederschnittig gelappt. Blüten in zusammengesetzten Dolden, diese bis etwa 5 cm breit, endständig, einzeln oder zu mehreren. Strahlen 4–20, ohne Hülle. Einige Dolden meist nur mit männlichen Blüten, andere auch mit zwittrigen. Einzelblüten 2,5–4 mm breit. Kronblätter ungleich groß, zum Außenrand hin vergrößert und so eine große Einzelblüte vortäuschend. Achäne mit scharfkantigen Rippen. Alte Kulturpflanze, meist nur aus Gartenkultur verwildert. Größere Bestände ziemlich selten, gelegentlich in alpinen Staudenfluren und an Säumen. Eignet sich bestens für die Kräuterecke im Nutzgarten. Blüten V–VI.
Süßdolde riecht sehr stark nach Anis, einer Aromapflanze aus der näheren Verwandtschaft. Alle Pflanzenteile führen ätherisches Öl und können daher verwendet werden. Die aromatischen Blätter eignen sich beispielsweise als Salatzutat oder zur Mitverwendung in Suppen und Brühen. Die dickfleischigen Wurzeln können nach dem Rezept für Pastinak zubereitet werden: Im 16. und 17. Jahrhundert war dies die häufigste Verwendung dieser interessanten Pflanze, die leider zu Unrecht in Vergessenheit geraten ist. Sogar die Stengel geben nach entsprechender Zubereitung ein recht wohlschmeckendes Gemüse.
Eine gewisse Bedeutung kommt dieser Pflanze heute noch bei der Likörzubereitung zu. Berühmte Klosterliköre der benediktinischen Tradition enthalten neben anderen wertvollen Zutaten aus der Familie der Doldengewächse meist auch Süßdolde.
Achtung: Nur verwenden, wenn 100%ig bestimmt. Doldengewächse enthalten einige tödlich giftige Arten!

Süßdolde (*Myrrhis odorata*) ist im Freiland nur recht selten anzutreffen. Aufnahme 10. Juni.

Rote Bete und Weißdorn-Blätter bzw. -Knospen geben einen einladend aussehenden, schmackhaften Salat. Aufnahme 1. Mai.

Eingriffeliger Weißdorn *Crataegus monogyna* JAQU.
Fam. Rosengewächse (*Rosaceae*)
Strauch oder kleiner Baum bis etwa 18 cm Höhe. Stamm einfach oder von Grund an mehrfach geteilt. Äste aufsteigend oder aufrecht, bilden eine meist recht unregelmäßig geformte Krone. Rinde an der Oberfläche grau, unter den rechteckig abschilfernden Platten orange- bis rötlichbraun. Axillare Dornen häufig, bis etwa 1,5 cm lang, manche auch in kurze Seitenzweige verlängert, die ihrerseits in einen Dorn auslaufen. Blätter 1,5–4,5 cm lang und bis 1,5mal so lang wie breit, oval, mit meist 3–5, seltener bis 9 Lappen; Buchten bis über die Spreitenmitte eingeschnitten. Lappen zugespitzt, fast ganzrandig oder nur wenig gezähnt, etwas lederig, oberseits glänzend dunkelgrün, unterseits heller, mit Haarbüscheln in den Achseln der größeren Blattnerven. Blattstiel 1–2 cm lang, Blütenstand dicht und reichblütig, mit 9–18 etwa 8–15 mm breiten Blüten. Jede Blüte mit nur 1 Griffel. Frucht kugelig bis eiförmig, dunkelrot, bis 14 mm lang. Ziemlich häufig und in Europa weit verbreitet. Häufig entstehen im gemeinsamen Verbreitungsgebiet Bastarde mit anderen Arten dieser Gattung. Vielfach als Straßenbaum in einer rotblühenden Form verwendet. Blüten IV–VI.
Weißdorn spielt in Sage und Brauchtum besonders der nordeuropäischen Nationen eine bedeutende Rolle, ebenso auch als wichtige Arzneipflanze. Außerdem kann man die jungen Blätter und Knospen zu einer Reihe von Gerichten verwenden, die heute nahezu in Vergessenheit geraten sind.
Man sammelt die Knospen und jungen Blätter am besten im April. Zu diesem Zeitpunkt zeichnen sie sich durch einen angenehm nußartigen Geschmack aus.

Weißdorn-Salat (2 Portionen)
½ Liter junge Weißdorn-Blätter
2 gekochte Rote Bete, in Scheiben geschnitten
Salatsauce nach Wahl
Weißdornblätter gründlich waschen und mit den Roten Beten mischen. Salat-Dressing nach Wahl hinzugeben und gründlich mischen.

Weißdorn-Kartoffel-Salat (4 Portionen)
450 g gekochte Kartoffeln
½ Liter Weißdorn-Blätter und/oder -Knospen
3 EL Olivenöl
1 EL Weißwein
2 EL Weinessig
Salz, Pfeffer
ein paar Salatblätter
Kartoffeln in Scheibchen schneiden und mit den übrigen Zutaten mischen. Weißdorn und Kopfsalatblätter zuletzt untermischen. Auf einem großen Salatblatt oder auf Toast servieren.

Raps, Kohlrübe *Brassica napus* L.
Fam. Kreuzblütengewächse (*Brassicaceae*)
Ein- oder zweijährige Pflanze mit aufrechtem, wenig verzweigtem Stengel, bis etwa 100 cm hoch, mitunter auch noch höher. Alle Blätter bläulich bereift. Untere Blätter schwach behaart, gestielt, leierförmig gebuchtet; andere Blätter meist kahl, die obersten stengelumfassend, ganzrandig oder nur noch leicht gebuchtet, manchmal mit ent-

Raps (*Brassica napus*) wird heute als Ölpflanze angebaut und verwildert nur selten. Aufnahme 4. Mai.

Klippen-Kohl (*Brassica oleracea*) an einem seiner typischen Standorte auf Küstenfelsen. Aufnahme 1. April.

fernten Zähnen, vorne leicht zugespitzt, am Grunde herzförmig. Blüten in verlängerten Trauben. Kelchblätter nur halb so lang wie die Kronblätter, lang genagelt. Häufig als Öl- und Futterpflanze angebaut und gelegentlich auch verwildert. Blüten V–IX.
Raps ist in seiner heutigen Form etwa seit dem Mittelalter bekannt und entstand mutmaßlich durch eine Kreuzung zwischen Rübsen (*Brassica rapa*) und *Brassica oleracea,* dem Wildkohl. Heute wird diese Pflanze vor allem zur Gewinnung des wertvollen Rapsöles aus den fettreichen Samen angebaut. Früher war sie mehr eine Gemüsepflanze, die in Gärten angepflanzt wurde. Schon im Winter oder zeitigen Frühjahr konnte man die ersten grünen Sprosse oder Blätter ernten und zubereiten. Erst viel später wurde Raps auch als Futterpflanze für Haustiere verwendet.

Schwarzer Senf *Brassica nigra* (L.) KOCH
Fam. Kreuzblütengewächse (*Brassicaceae*)
Einjährige, krautige Pflanze mit reich verzweigtem, aufrechtem Stengel, etwa 20–100 cm hoch. Blätter wechselständig, nicht stengelumfassend, grasgrün, nicht bereift wie beim Raps. Untere Blätter leierförmig oder gelappt bis unregelmäßig fiederteilig, Endabschnitt recht groß. Obere Stengelblätter häufig ungeteilt und fast sitzend. Blüten klein, bis etwa 0,5 cm breit. Kelchblätter abstehend. Kronblätter gelb. Verbreitet bis selten in Unkrautfluren und Staudenbeständen an Flußufern oder Schuttstellen. Blüten VI–IX.
Die Pflanze wurde mit Sicherheit bereits vor der Antike als Gewürzpflanze verwendet und im Mittelmeergebiet angebaut. Ihr Ursprungsgebiet liegt wahrscheinlich in Kleinasien. Durch den Gewürzhandel kam sie allmählich auch nach Mittel- und Nordeuropa. In römischer Zeit wurden die zerstoßenen Senfsamen in den Traubenmost, lateinisch mustum, gegeben, der daraufhin einen scharfen, brennenden Geschmack bekam und „mustum ardens" genannt wurde. Daraus wurde die heutige englische Bezeichnung „mustard" für Senf, das französische „moutarde" oder die umgangssprachliche deutsche Bezeichnung „Mostert" bzw. „Mostrich". Bis heute wird Schwarzer Senf bei der Senfbereitung verwendet.

Wild-Kohl, Klippen-Kohl *Brassica oleracea* L.
Fam. Kreuzblütengewächse (*Brassicaceae*)
Mehrjährige, kräftige Pflanze mit aufrechtem und nur im oberen Teil stärker verzweigtem Stengel, etwa 40–120 cm hoch. Blätter wechselständig, ohne Nebenblätter, kahl, deutlich bläulich bereift, die unteren gestielt und leierförmig gebuchtet bis fiederteilig, die oberen meist ungeteilt und sitzend, oft auch leicht rötlich gefärbt, besonders im Bereich der Blattrippen. Blüten in verlängerter, lockerer Traube. Kelchblätter 4, aufrecht, grünlichgelb; Kronblätter 4, ausgebreitet, schwefelgelb. Staubblätter 6, 2 kürzere und 4 längere. Vereinzelt in den Spülsäumen entlang der europäischen Atlantikküsten. In Deutschland nur auf der Insel Helgoland. Wildform aller heutigen Kulturformen von Gemüsekohl, vom Kohlrabi über Rosenkohl bis Blumenkohl und Broccoli. Sammeln der meist nur vereinzelt vorkommenden Pflanze lohnt sich nicht. Der Geschmack ist exakt der gleiche wie bei einem käuflichen Weiß- oder Spitzkohl.

Beinwell mit Erdnüssen, fritierte Beinwell-Blätter. Aufnahme 1. Mai.

Gemeiner Beinwell *Symphytum officinale* L.
Fam. Rauhblattgewächse (*Boraginaceae*)
Mehrjährige, recht kräftige und ansehnliche Pflanze mit aufrechten Stengeln, etwa 30–120 cm hoch, an allen Teilen rauhhaarig, mit fleischigem, verzweigtem Wurzelstock. Blattstiele am Stengel herablaufend. Blattspreiten 12–25 cm lang, lanzettlich-oval bis länglich, vorne zugespitzt, am Grunde verschmälert. Blüten nickend, radiär, zu mehreren in end- und achselständigen Doppelwickeln. Kelch bis 8 mm lang, 5zipflig. Krone bis fast 2 cm lang, trichterig, weiß, rötlich, bläulich oder purpurn, oft auch cremefarben, ebenfalls 5zipflig, Schlund zum röhrigen Teil mit großen Schuppen verschlossen: Dadurch wird kurzrüsseligen Hautflüglern der Zugang zu den am Blütengrund gelegenen Nektardrüsen verwehrt. Sie beißen daher die Blüten von außen an. Solche Bißstellen oder die Stellen, an denen sich besonders kräftige Hummeln festkrallen, erkennt man an der rostbraunen Verfärbung. Fruchtknoten zerfällt in 4 einsamige Nüßchen. Verbreitet in feuchten Ufer- und Hochstaudenfluren, an Wegrändern und Gräben sowie in nassem Wiesengelände. Blüten V–X.
Beinwell ist eine seit langem gebräuchliche Heilpflanze. Seit dem Mittelalter wird der Beinwell zur Heilung und Nachbehandlung von Knochenbrüchen eingesetzt. Auch heute noch ist er Bestandteil vieler Fertigarzneien zur Behandlung von Frakturen, Prellungen oder Verstauchungen, dazu auch in Mitteln gegen Entzündungen und schlecht heilende Wunden. Junge Blätter können als Blattgemüse zubereitet werden. Blanchierte Stengel werden wie Spargel gegessen.

Beinwell und Erdnüsse (4 Portionen)
50 g Sonnenblumen-Öl
100 g Zwiebeln, fein gehackt
50 g ungesalzene Erdnüsse
450 g Beinwell-Blätter, fein geschnitten
Salz, Pfeffer
Zwiebeln in heißem Öl glasieren bzw. leicht anbräunen. Erdnüsse hinzugeben und etwa 2 Min. lang erhitzen. Dann die Beinwell-Blätter zugeben und so lange erhitzen, bis fast alle Flüssigkeit verdampft ist (ca. 15 Min.). Nach Geschmack würzen. Warm servieren.

Fritierter Beinwell (4 Portionen)
100 g Mehl
etwas lauwarmes Wasser
1 Ei
Beinwell-Blätter, frisch gesammelt, mit Stengel
Salz, Cayenne-Pfeffer
Eigelb, Mehl, Salz und Wasser zu einem flüssigen Teig anrühren und etwas stehen lassen. Eiweiß steif schlagen und darunterheben. Beinwell-Blätter mit kleinem Stengelteil kurz eintauchen und in heißem Fett ausbacken. Auf Papier kurz abtropfen lassen und nach Geschmack mit Pfeffer nachwürzen.

Beinwell-Suppe (4 Portionen)
2 Handvoll frische, junge Beinwell-Blätter
1 mittelgroße Zwiebel, fein gehackt,
25 g Butter
15 g Mehl
¾ Liter Hühner- oder Fleischbrühe
4 EL Joghurt
Salz, Pfeffer
Blätter gründlich waschen und alle zähen Stengelanteile wegschneiden. Zwiebel in Butter bräunen. Mehl einrühren und Brühe langsam hinzugeben. Zuletzt Beinwell-Blätter einfüllen und etwas würzen, dann zudecken und etwa 30 Min. lang erhitzen. Eventuell noch einmal durch ein Sieb passieren. Kurz vor dem Servieren nach Geschmack nachwürzen und etwas Joghurt einrühren.

Beinwell (*Symphytum officinale*) mit weißen Blüten. Aufnahme 6. Mai.

Beinwell (*Symphytum officinale*) mit hellroten Blüten. Aufnahme 28. Juni.

Beinwell (*Symphytum officinale*) mit purpurfarbenen Blüten. Aufnahme 25. Juni.

Gemeine Pestwurz (*Petasites hybridus*). Aus den großen Blättern kann man sich behelfsmäßige Sonnen- und Regenschirme herstellen. Früher wurden die dicken Blätter zum Kühlhalten von Butter verwendet. Aufnahme 1. Mai.

Gemeine Pestwurz *Petasites hybridus* (L.) GAERTN.
Fam. Korbblütengewächse (*Asteraceae*)
Kräftige, mehrjährige Pflanze mit langem, verzweigtem Wurzelstock. Blätter sehr groß, fast alle grundständig, langgestielt, von rundlichem Umriß, am Grunde herzförmig, oberseits mattgrün, unterseits dicht graufilzig. Blattstiele hohl, vielkantig. Blütenschäfte 10–50 cm hoch, erscheinen vor dem Laubaustrieb. Blütenköpfe zu 1–3 in der Achsel rötlicher Tragblätter, überwiegend männlich oder weiblich. Verbreitet an nassen, zeitweise überschwemmten Ufern, in Auen-, Weiden- und Erlengebüsch. Wegen Trockenlegungsmaßnahmen stark im Rückgang. Blüten III–V.
Nur die jungen Blätter können in Wildgemüsen mitverwendet werden; die älteren Blätter sind hart und zäh und werden gerne von Kindern zum Spielen verwendet.

Giersch, Geißfuß *Aegopodium podagraria* L.
Fam. Doldengewächse (*Apiaceae*)
Kräftige, mehrjährige Pflanze bis etwa 90 cm hoch. Wurzelstock schlank. Stengel längsfurchig, aufrecht, kohl. Blätter 1–2fach 3zählig, 8–25 cm lang, von dreieckigem Umriß. Einzelne Fiederabschnitte bis 8 cm lang, am Grunde oft leicht asymmetrisch, vorne zugespitzt, unregelmäßig gezähnt. Dolden zusammengesetzt, gewölbt, bis 7 cm breit, mit 10–20 Strahlen. Blüten zwittrig, ohne Kelchblätter. Kronblätter weiß, am Doldenrand verlängert. Ziemlich häufig und an Waldrändern, auf Schlägen und in krautreichen Gebüschen weit verbreitet. Blüten V–VIII.
Junge Blätter können als Gemüse zubereitet werden.
Vorsicht, unter den Doldengewächsen gibt es einige tödlich giftige Arten!

Geißfuß (*Aegopodium podagraria*) wurde schon zur Römerzeit als Gemüse geschätzt. Aufnahme 10. Mai.

Rotalgen-Püree auf frischem Brot gilt als Delikatesse. Aufnahme 29. April.

Hauttang *Porphyra umbilicalis* (L.) J. G. AG.
Fam. *Bangiaceae*
Häutige, flache, papierdünne Rotalge von purpurroter, häufig jedoch olivbrauner Färbung. Thallus blättrig, oft faltig und wellig, sehr dünn, dabei aber erstaunlich zäh und etwas knorpelig, 5–20 cm lang und fast ebenso breit, an der Unterlage mit einer nabelförmigen Haftscheibe festgewachsen. Ziemlich häufige und weit verbreitete Rotalge an Felsen, Steinen oder Befestigungswerk in der oberen Gezeitenzone der Nordsee oder der Atlantikküsten. Vom Frühjahr bis in den Spätherbst. Hauttang kann bei Niedrigwasser völlig austrocknen, lebt aber bei der ersten Wiederbefeuchtung durch die auflaufende Flut sofort wieder auf.
In Ostasien wird *Porphyra,* die in vielen recht ähnlichen Arten weltweit verbreitet ist, schon seit Jahrtausenden als Nahrungsmittel geschätzt und seit geraumer Zeit sogar in großen marinen Farmen angebaut. Diese Rotalge gilt als hochwertiges, proteinreiches und erstaunlich vitaminhaltiges Lebensmittel, das leicht verdaulich und zudem sehr kalorienarm ist. In asiatischen Restaurants wird die Alge unter der Bezeichnung „Nori" in verschiedenen Gerichten verarbeitet. In Europa hat sie vor allem dort eine lange Tradition, wo sie in größerer Menge an gut zugänglichen Stellen vorkommt, z. B. entlang der französischen, irischen oder schottischen Küsten. In Wales und in der Bretagne stellt man aus dem Hauttang ein fladenartiges Gebäck her.

Blasentang (*Fucus vesiculosus*) an einer Felsküste. Aufnahme 16. Juni.

Rotalgen-Püree
Hauttang-Stücke sammeln und in kaltem Leitungswasser gründlich auswaschen, anschließend etwas zerkleinern und in einem großen Gefäß mit wenig Wasser etwa 4 Stunden lang garen. Etwa alle halbe Stunde kontrollieren, ob die Mischung nicht trocken kocht. Das Püree ist nahezu fertig, wenn die einzelnen Algenstücke in kleine Teile zerfallen sind. Im Kühlschrank etwa eine Woche lang haltbar, kann als Beilage oder als dunkle Sauce zu verschiedenen Fisch- und Fleischgerichten verwendet werden.
In Süd-Wales wird das dunkel- bis schwarzrote Algen-Püree zusammen mit Haferflocken zu kleinen Fladen geformt und gegessen. Alternativ kann man das Püree auch mit gebackenem Speck als Brotaufstrich verwenden.

Hauttang (*Porphyra umbilicalis*) an seinem typischen Standort. Aufnahme 14. Mai.

Chinesische Eier- und Rotalgen-Suppe (4 Portionen)
1 gute Handvoll Hauttang
2 Eier
3 große Zwiebeln, fein gehackt
½ Liter Hühner- oder Fleischbrühe
1 EL Sesam-Öl
Salz, Pfeffer
Die gut getrockneten Rotalgen werden in Wasser eingeweicht und anschließend in kleine Stückchen geschnitten. Brühe erhitzen, kurz vor dem Sieden Zwiebeln und Algenstücke hineingeben, umrühren und die aufgeschlagenen Eier zufügen. Nach Geschmack würzen. Vor dem Servieren ein wenig Sesam-Öl zugeben.

Blasentang *Fucus vesiculosus* L.
Fam. *Fucaceae*
Eine der häufigsten Tangarten aus der Klasse der Braunalgen mit schmalen, lederig-derben, 20–70 cm langen und bis 2 cm breiten Bändern, in die paarweise dicke Schwimmblasen eingelassen sind, in einer Ebene gabelig verzweigt. Ziemlich häufige Art in der oberen Gezeitenzone an allen atlantischen Küsten.
Blasentang hat keine allzu bedeutende kulinarische Tradition. In Notzeiten wurde dieser Tang getrocknet, gemahlen und als Mehlersatz beim Backen von Fladen oder Brot verwendet. In Skandinavien wird er in manchen Gegenden auch in Suppen oder Brühen gekocht.

Fritierte Blütenstände von Wildpflanzen sehen nicht nur schön aus, sie schmecken außerdem noch recht aromatisch. Aufnahme 14. Mai.

Fritierte Blüten (ca. 4 Portionen)
Apfel-Blüten
Gelbdolden- oder Geißfuß-Dolden
Löwenzahn-Blütenköpfe
Winterkresse-Blüten
100 g Mehl
1 Ei
etwas Milch
Salz

Aus Mehl, Salz, Milch und Ei einen halbflüssigen Teig anrühren und etwa eine halbe Stunde stehen lassen. Blüten gründlich waschen und Stengelteile, soweit möglich, entfernen. Blüten mit der Vorderseite in den Teig eintauchen und in heißem Fett in der Friteuse bei etwa 220 °C ausbakken, bis der Teig eine goldbraune Färbung angenommen hat. Anschließend überschüssiges Fett kurz abtropfen lassen und fritierte Blüten mit etwas Soja-Sauce oder anderen Gewürzen nach Wahl heiß servieren.

Wiesen-Bärenklau *Heracleum sphondylium* L.
Fam. Doldengewächse (*Apiaceae*)

Zweijährige Pflanze bis etwa 200 cm Höhe mit aufrechtem, sehr steifhaarigem, hohlem, längsfurchigem Stengel. Blätter sehr groß, bis 60 cm lang, einfach gefiedert oder fiederschnittig, von unterschiedlicher Form, ziemlich grob gelappt und am Rande gezähnt. Blattstiele dick, am Grunde mit verbreiterter Blattscheide. Dolden zusammengesetzt, dichtblütig, bis 15 cm breit, end- und seitenständig. Hülle nur wenigblättrig, Hüllchen manchmal gänzlich fehlend. Blüten weiß, grünlich-weiß oder selten auch hellrosa. Kronblätter ungleich groß, zum Doldenrand hin deutlich vergrößert, vorne etwas ausgerandet. Weit verbreitete und ziemlich häufige Pflanze in Auwäldern, verschiedenen Wiesengesellschaften oder Staudenfluren. Blüten VI–X.
Bei manchen Personen kann diese Pflanze ebenso wie ihre nahe Verwandte, der Riesen-Bärenklau (*Heracleum mantegazzianum*) zu allergischen Hautreaktionen führen. Junge

Bärenklau-Sprosse sind ein überraschend wohlschmeckendes Gericht. Aufnahme 14. Mai.

Bärenklau-Blätter, deren Blattstiele oder die im Frühjahr gesammelten jungen Sprosse kann man als Wildgemüse zubereiten.
Vorsichtig, nur verwenden, wenn 100%ig bestimmt; einige Doldenblütler sind tödlich giftig!

Bärenklau-Sprosse
Diese Pflanze wird sofort in Ihrem Ansehen steigen, wenn Sie einmal folgendes Rezept versuchen: Junge Sprosse der Pflanzen sammeln (bevor die Blätter sich voll entfaltet haben), in kaltem Wasser gründlich waschen und mit wenig Wasser garen. Dann etwas Butter, Pfeffer und Salz zugeben und etwa 8 Min. lang weichkochen. Vor dem Servieren einen weiteren Stich Butter und etwas Zitronensaft zufügen.

Rüben-Quiche. Aufnahme 2. Juni.

Wilde Rübe *Beta maritima* L.
Fam. Gänsefußgewächse (*Chenopodiaceae*)
Ein- oder zweijährige, recht kräftige, aber meist gedrungene Pflanze von 20–80 cm Höhe mit niederliegendem oder aufsteigendem Stengel. Wurzel nur spindelförmig und recht dünn. Grundblätter in einer Rosette, jedoch nicht bodenanliegend, lang gestielt, mit rautenförmiger bis spateliger Blattspreite. Stengelblätter ungestielt, ungeteilt, lanzettlich-

Pfannkuchen mit Rübenfüllung. Aufnahme 20. Juni.

länglich. Alle Blätter oberseits stark dunkelgrün-glänzend, unterseits heller, fest, etwas dickfleischig. Blüten unscheinbar, grünlichgelb, zahlreich zu je 2–4 in einer großen Rispe (Scheinähre). Einzelblüten mit 5teiliger Blütenhülle. Nur an den Meeresküsten im Bereich der Strandwälle und Spülsäume verbreitete Art. Liebt Standorte mit hohem Gehalt an organischen Stoffen. In Deutschland nur auf Helgoland, sonst an den übrigen Atlantikküsten verbreitet bis häufig. Auch im Mittelmeergebiet. Blüten VII–IX.
Beta maritima ist die Stammpflanze aller heute angebauten Rüben, von der Futter- oder Runkelrübe bis zur Roten Bete oder der Zuckerrübe, die erst vor knapp 200 Jahren in ihrer heutigen Form gezüchtet wurde. Auch der Mangold, ein dem Spinat ähnliches Blattgemüse, stammt von der Wilden Rübe ab. Blätter und Stengel der Wildpflanze enthalten wegen des meeresnahen Standorts große Mengen Spurenelemente und Mineralstoffe. Man kann die Blätter vom Frühjahr bis in den späten Herbst sammeln.

Rüben-Gemüse
Einige frisch gesammelte Rübenblätter gründlich waschen und ohne zusätzliches Wasser in einem verschlossenen Topf etwa 15 Min. lang garen. Anschließend abtropfen lassen, einen Stich Butter darangeben und nach Geschmack würzen.

Rüben-Quiche
Etwas Butter, Mehl, Milch, Cheddar-Käse, Senfpulver und ein geschlagenes Eigelb zu einem Teig verrühren. Etwa eine Handvoll Rüben-Blätter kochen, wie oben angegeben, dann fein zerkleinern und zur Teigmischung geben. Nach Geschmack mit Salz und Pfeffer nachwürzen.

Rüben-Joghurt-Suppe (4 Portionen)
4 Handvoll Rüben-Blätter, fein gehackt
4 EL Olivenöl
1 Liter Brühe
5 EL Reis
¼ Liter Joghurt
1 EL Petersilie, fein gehackt
Salz, Schwarzer Pfeffer
Zwiebeln im heißen Öl anbräunen, dann den Reis zugeben, kurz umrühren und Hühnerbrühe und Rüben-Blätter einrühren, weiter erhitzen und so lange auf der Flamme lassen, bis der Reis weich ist. Zum Schluß Joghurt einrühren und eventuell etwas Kurkuma zugeben. Vor dem Servieren Petersilie darüberstreuen.

Pfannkuchen mit Rübenfüllung (4–6 Portionen)
Pfannkuchen:
100 g Mehl
1 Ei
¼ Liter Milch
1 EL Olivenöl
Salz
50–75 g Palmfett
Mehl und Salz zusammensieben und mit dem Eigelb, der Hälfte der Milch sowie dem zu Schnee geschlagenen Eiweiß einen cremigen Teig anrühren. Dann restliche Milch einrühren, zuletzt das Öl zugeben.

Füllung:
250 g Rüben-Blätter
150 g Cheddar, gerieben
2 geschälte Tomaten
Salz, Pfeffer
Rübenblätter gründlich waschen und Blattspreiten von den dicken Stielen bzw. Mittelrippen trennen. Im gedeckten Topf etwa 10 Min. garen lassen. Nach dem Abkühlen übrige Zutaten einrühren und gründlich vermischen.

Palmfett in einer heißen Pfanne schmelzen, Teig darin zu dünnen, kleinen Pfannkuchen doppelseitig ausbacken. Anschließend zu einer kleinen Tüte rollen, Füllung hineingeben und servieren. Alternativ können die Pfannkuchen auch über der Füllung zu einem kleinen Umschlag gefaltet werden. Anschließend bei mäßiger Wärme noch einmal 3 Min. in die Pfanne geben bis der Käse schmilzt.

Roter Wiesen-Klee (*Trifolium pratense*) kann zu einem einladenden Salat oder zu einem Wein verarbeitet werden. Aufnahme 1. Juni.

Rot-Klee, Roter Wiesen-Klee *Trifolium pratense* L.
Fam. Schmetterlingsblütengewächse (*Fabaceae*)
Ausdauernde, kleine Pflanze mit aufrechten oder nur an den Enden bogig aufsteigenden Stengeln, etwa 10–60 cm lang. Blätter 3zählig gefiedert, meist lang gestielt. Blättchen 1–5 cm lang, verkehrteiförmig bis elliptisch, meist stumpf oder leicht ausgerandet, grün, mit weißlicher Zeichnung in der Mitte. Nebenblätter lanzettlich-dreieckig mit feiner Spitze. Blüten in dichten, kopfigen Blütenständen, bis 3 cm hoch und breit, purpurn oder rötlich, sitzend. Kelch 5zipflig, innen behaart. Krone wesentlich länger als der Kelch, sehr schmal und lang, bis etwa 20 mm, fällt zur Fruchtreife nicht ab. Hülse an der Spitze etwas verdickt. Sehr häufig auf frischen, nährstoffreichen Wiesen und Weiden oder in Halbtrockenrasen. Kulturpflanze, wird zu Futterzwecken in Reinsaaten angebaut. Blüten V–IX.
Wiesen-Klee kann auf sehr vielfältige Weise genutzt werden. Für die menschliche Ernährung spielt er in Europa erstaunlicherweise keine besondere Rolle. Die nordamerikanischen Indianer, allen voran die verschiedenen Apachen-Stämme, verwendeten Klee-Pflanzen regelmäßig in verschiedenartigen Gerichten.
Aus getrockneten Klee-Blüten kann man einen sehr wohlschmeckenden Tee zubereiten. Klee-Blätter können wie Spinat als Wildgemüse verwendet werden oder andere Wildkräuter in Saucen und Salaten ergänzen.
Die Blätter des Klees sind ein Glückssymbol, sie sollen Glück in der Liebe und im Spiel bringen. Zu Neujahr werden Kleepflanzen oft als Glücksbringer verschenkt.

Klee-Salat (2 Portionen)
Klee-Blätter und -Blüten
2 EL Oliven-Öl
2 TL Minze, fein zerkleinert
75 g Reis
2 EL frisch gepreßter Orangensaft
Reis weich kochen, gut ablaufen lassen und noch vor dem Abkühlen mit Öl und Orangensaft mischen. Klee-Blätter gründlich waschen, Fiederblättchen abtrennen und mit dem Reis mischen. Vor dem Servieren mit Klee-Blüten garnieren.

Kleeblüten-Wein
2 Liter Klee-Blüten
4,5 Liter Wasser
3 Zitronen
1 kg Zucker
1 Päckchen Hefe
Klee-Blüten vor dem Braunwerden sammeln und mit kochendem Wasser übergießen. Zitronen- und/oder Orangensaft hinzugeben. Hefe in einem Glas mit etwas Wasser und Zucker anstellen. Übrigen Zucker in dem noch heißen Kochwasser auflösen. Nach dem Abkühlen Hefe-Ansatz zugeben und etwa 5 Tage lang im offenen Gefäß gären lassen. Anschließend feste Bestandteile abseihen, in einen großen Gärballon umfüllen und unter losem Verschluß nachgären lassen. Nach dem Stillstand der Gärung ohne Bodensatz in sauber gespülte Flaschen füllen und sorgfältig verschließen.

Dieser Wein wird nicht roséfarben oder gar rot ausfallen, wie man vielleicht meinen möchte, sondern weißlich. Sollte er nach einiger Zeit immer noch zu trocken schmecken, kann man ihn mit wenig Zuckersirup ein wenig aufsüßen. Er eignet sich dann zum baldigen Verzehr.

Kohl-Gänsedistel *Sonchus oleraceus* L.
Fam. Korbblütengewächse (*Asteraceae*)
Ein- oder zweijährige Pflanze mit aufrechtem, besonders im oberen Teil verzweigtem Stengel, etwa 30–100 cm hoch. Stengelblätter blaugrün bereift, am Rande wellig, mit schlanker, langer Spitze, am Rande gesägt, weich, matt, am Grunde mit abstehenden, vorgestreckten Öhrchen, stengelumfassend. Untere Blätter schrotsägeförmig oder fiederspaltig geteilt, nicht stachelspitzig. Blüten sattelgelb, in großen, bis 4 cm breiten Blütenköpfen, diese in lockeren Rispen. Ursprünglich nur im Mittelmeergebiet beheimatet, heute jedoch recht häufig in verschiedenen Unkraut- und Ruderalfluren. Blüten VI–X.
In ihrem Ursprungsgebiet galt die Kohl-Gänsedistel neben ähnlichen, nahe verwandten Arten schon in der Antike als sehr schmackhaftes Wildgemüse. Bei Plinius ist nachzulesen, daß dem Helden Theseus von Hekate ein Gänsedistelgericht zubereitet wurde, bevor er sich mit dem kretischen Ungeheuer Minotaurus einließ. Verwendet werden nur die jungen Blätter und Sprosse. Sie können wie Spinat oder zu Salaten zubereitet werden.

Gänsedistel-Salat
Junge, frisch gesammelte Blätter zerstückeln. Mittelrippen nicht verwenden. Mit Oliven-Öl, Zitronensaft, ein paar Ananasstückchen anmachen. Schmeckt sehr erfrischend und knusprig.

Eingelegte Flügelfrüchte der Esche (*Fraxinus excelsior*). Aufnahme 25. Mai.

Gemeine Esche *Fraxinus excelsior* L.
Fam. Ölbaumgewächse (*Oleaceae*)
Stattlicher Baum bis etwa 40 m Höhe mit offener, hochgewölbter Krone. Rinde blaßgrau, an jungen Bäumen völlig glatt, später gefeldert und längsfurchig. Zweige an den Knoten abgeflacht. Knospen kegelförmig, schwarz, gegenständig. Blätter 20–35 cm lang. Blattspindel kahl oder wenig behaart, mit 7–13 Fiederblättchen, jedes etwa 5–12 cm lang, länglich-oval bis länglich-lanzettlich, spitz, am Rande stets scharf gezähnt. Anzahl der Zähne größer als die der Seitennerven, oberseits dunkelgrün, unterseits heller. Blütenstände achselständig an 2jährigen Zweigen, erscheinen bereits vor dem Laubaustrieb. Blüten purpurn. Flügelfrüchte zahlreich, 2,5–5 cm lang, länglich bis lanzettlich, vorne ausgerandet und mit deutlicher Spitze, anfangs hellgrün, später bräunlich. Neben rein männlichen und rein weiblichen Bäumen gibt es auch zwittrige oder einhäusige Exemplare. Wichtiger Wald- und Parkbaum. Fast überall in Europa weit verbreitet und häufig. Blüten IV–V.
Die Esche spielt vor allem in der nordeuropäischen Mythologie eine große Rolle. Ygdrasill, die Weltesche, vermittelt mit ihren Bewohnern, der Schlange Nighoggr und dem Eichhörnchen Ratatoskr, den Eindruck paradiesischer Zustände. Der erste Mensch, Askr, soll nordischen Legenden zufolge aus Eschenholz geschnitzt worden sein.
Von Bedeutung ist die Esche heute noch in der Volksmedizin. Von den früheren kulinarischen Verwendungen hat sich lediglich das Einpickeln der jungen Flügelfrüchte erhalten. Dazu werden die Fruchtstände kurz nach dem Abblühen gesammelt, weil sie sonst zu bitter schmecken. Die jungen Früchte werden gründlich abgekocht und nach dem Weichwerden nochmals in einer Mischung aus Weinessig und Zucker erhitzt. Dann verfärben sie sich hellgrün und können nach dem Abkühlen in kleinere Gefäße (Gläser) gegeben werden.

Kohl-Gänsedistel (*Sonchus oleraceus*) kann im Frühjahr gesammelt werden. Aufnahme 12. Mai.

Fenchel (*Foeniculum vulgare*) ist eines der besten Grillgewürze für Fischgerichte. Aufnahme an der Küste von Cornwall am 4. Juni.

In Mitteleuropa ist Fenchel nur selten aus Gartenkultur verwildert. Aufnahme 3. Juni.

Meerfenchel (*Crithmum maritimum*) aus der weiteren Verwandtschaft des echten Fenchels ist ein interessantes Gemüse. Aufnahme 14. Mai.

Fenchel *Foeniculum vulgare* MILL.
Fam. Doldengewächse (*Apiaceae*)
Zwei- oder mehrjährige Pflanze von etwa 80–150 cm Höhe, kahl, bläulich-grün. Stengel aufrecht, nicht hohl oder nur im Alter mit kleiner Markhöhle, längsstreifig. Blätter 3- bis 4fach gefiedert, von dreieckigem Umriß. Einzelne Fiederabschnitte bis 5 cm lang, fadendünn, stehen nicht alle in der gleichen Ebene. Blätter am Grunde mit auffallend großer, meist bleicher, längsstreifiger Blattscheide. Blüten in zusammengesetzten Dolden, diese bis 9 cm breit und mit 10–40 glatten Strahlen. Hülle und Hüllchen fehlen. Einzelblüten 1–2 mm breit, hellgelb, ohne Kelchblätter, zwittrig. Äußere Kronblätter strahlen nicht, alle von der gleichen Größe. Fenchelfrüchte 4–6 mm lang, länglich-oval, mit nach außen gebogenen Griffelresten. Ursprünglich nur im Mittelmeergebiet und dort im Bereich von Küstenfelsen recht häufig. In Mitteleuropa meist nur in Gartenkultur und von dort gelegentlich verwildert. Blüten VI–VIII.
Achtung: Unter den Doldengewächsen gibt es einige tödlich giftige Arten. Pflanzen sehr genau bestimmen!
Fenchel ist eine seit langem gebräuchliche Arzneipflanze, deren ätherischem Öl verschiedene günstige Wirkungen auf die Verdauungsorgane zugeschrieben werden. Wegen seiner ausgesprochen guten Verträglichkeit wird ein Aufguß der ölhaltigen Fenchelfrüchte auch Kleinkindern und Säuglingen verabreicht, wenn sie unter Verdauungsbeschwerden oder Blähungen leiden. Junge Fenchelblätter sind dagegen ein vorzügliches Gewürz in verschiedenen Gemüsegerichten. Die stark verdickte Blattbasis mancher kultivierter Fenchelsorten ist besonders in den romanischen Ländern ein sehr beliebtes Gemüse, das gerne zu Fischgerichten verwendet wird. Fenchel-Öl dient schließlich auch zur Likörherstellung.

Grillfisch mit Fenchel
Fenchel-Blätter und -Stengel können den ganzen Sommer über gesammelt werden.
Ein zum Grillen geeigneter Fisch (Makrele, Äsche, Forelle) wird ausgenommen, gründlich ausgespült und mit ein paar frischen Fenchelblättern, etwas Butter und Zitronenscheiben gefüllt. Über den Grill eine Lage getrockneter Fenchel-Stangen ausbreiten und den Fisch darauflegen. Diese Teile werden über dem Grillfeuer bald Funken fangen und kurz abbrennen, was dem Fisch ein spezielles Aroma verleihen wird. Fisch auf beiden Seiten grillen, bis er leicht brüchig wird. Mit Fenchel-Sauce servieren.

Meerfenchel *Crithmum maritimum* L.
Fam. Doldengewächse (*Apiaceae*)
Kräftige, zweijährige bis ausdauernde Pflanze von 10–50 cm Höhe. Stengel ausgebreitet, liegend oder an den Enden aufsteigend, am Grunde verholzt, kahl. Blätter graugrün, 2- bis 3fach fiederteilig bis gefiedert. Fiederblättchen oder -abschnitte um 5 cm lang, etwas abgeflacht, vorne rundlich, ziemlich dickfleischig. Blüten in zusammengesetzten Dolden, diese bis etwa 8 cm breit. Einzelblüten gelblichgrün, sehr klein, Kronblätter nicht strahlend. Nur in unmittelbarer Meeresnähe in sonnigen Felsspalten und Felsnischen, sehr selten auch auf kiesigem Grund oder im Sand. Immer im Spritzwasserbereich. Im Mittelmeergebiet fast überall verbreitet und sehr häufig, daneben auch an allen übrigen atlantischen Felsküsten in Spanien, Frankreich, England und Irland. Fehlt in der Nord- und Ostsee. Blüten VIII–X.
Achtung: Doldengewächse nur verwenden, wenn sie eindeutig bestimmt sind, da diese Familie einige tödlich giftige Arten besitzt!
Wo die Pflanze häufig auftritt und (beispielsweise im Sommerurlaub am Meer) leicht gesammelt werden kann, läßt sie sich hervorragend in Salaten oder als Wildgemüse verwenden. Bemerkenswert ist der aromatische Eigengeschmack dieser Pflanze. Nur junge, unverletzte Teile verwenden. In Frankreich gilt der Meerfenchel als besonderes Attribut von Petrus, dem Patron der Fischer, und wird dort „Herbe de St. Pierre" genannt.

Meerfenchel-Gemüse
Frisch gesammelte Meerfenchel-Blätter gründlich waschen und auslesen, dann 10–15 Min. in etwas Wasser weichkochen und mit reichlich Butter servieren. Blätter vorher nicht zerkleinern.

Bachbungen-Ehrenpreis (*Veronica beccabunga*) kann anstelle von Brunnenkresse zu Salaten genommen werden. Aufnahme 10. Mai.

Die jungen Blätter des Huflattichs (*Tussilago farfara*) bieten ein sehr schmackhaftes Wildgemüse. Aufnahme 10. Juni.

Gemeine Brunnenkresse *Nasturtium officinale* R. BR. (= *Rorippa nasturtium-aquaticum*) Fam. Kreuzblütengewächse (*Brassicaceae*)
Mehrjährige, überwinternde Pflanze mit kantigem, hohlem Stengel, reich verzweigt, etwa 5–80 cm lang, an den Knoten wurzelnd. Blätter wechselständig, unpaarig gefiedert, mit je 2–3 Paar Seitenfiedern und einer großen endständigen Fieder von breit-herzförmigem Umriß, meist gestielt, nur die obersten Stengelblätter sitzend. Blüten in end- und blattachselständigen Trauben. Einzelblüten etwa 5 mm breit. Kelchblätter 4, Kronblätter 4, weiß, etwa doppelt so lang wie der Kelch. Staubblätter 6. Schoten ungefähr 12–18 mm lang, gestielt, abstehend oder aufsteigend. Wasserpflanze im Flutsaum sauberer Bäche und kleinerer Flüsse, in Quellen und Brunnen, nicht in stark strömenden Gewässern. Kann in kleineren Wasserbecken im Garten oder selbst auf dem Balkon sehr leicht kultiviert werden. Im Freiland wegen der zunehmenden Wasserverschmutzung sehr stark zurückgegangen. Blüten V–X.
Brunnenkresse (Wasserkresse) enthält wie fast alle übrigen Vertreter der Kreuzblütengewächse größere Mengen an Senfölglykosiden, die für den pikant scharfen Geschmack verantwortlich sind. Wegen ihrer besonderen geschmacklichen Vorzüge ist Brunnenkresse ideal für alle möglichen Wildpflanzen-Salate. Sollte man Freilandmaterial sammeln und verwenden wollen, ist es in jedem Fall ratsam, die Pflanzen sehr gründlich zu waschen und auch die hohlen Stengel genauer zu untersuchen, da man eventuell kleine Wasserschnecken einschleppen kann, die Zwischenwirte verschiedener Wurmparasiten sind. Bei selbstkultivierten Pflanzen besteht diese Gefahr gewöhnlich nicht.
Um die Freilandbestände zu schonen, sollte man die Pflanzen nicht wahllos ausreißen, sondern lediglich die benötigte Menge junger Sproßspitzen abschneiden.

Brunnenkresse-Suppe (4 Portionen)
2 Bündel Brunnenkresse, fein gehackt
2 große Kartoffeln, gewürfelt
etwas Butter
Olivenöl
1 Liter Fleisch- oder Hühnerbrühe
Salz, Pfeffer (frisch gemahlen)
Butter über kleiner Flamme schmelzen, Öl zugeben. Kartoffeln in der heißen Brühe weichkochen. Brühe in die geschmolzene Butter gießen, Brunnenkresse zugeben, nochmals aufkochen lassen, dann eventuell durch ein Sieb passieren und mit etwas Sahne verbessern. Vor dem Servieren mit ein paar Kresseblättern garnieren. Diese Suppe kann sowohl heiß wie auch gekühlt gereicht werden.

Bachbungen-Ehrenpreis *Veronica beccabunga* L.
Fam. Braunwurzgewächse (*Scrophulariaceae*)
Mehrjährige Wasserpflanze mit fleischigen, kriechenden oder an den Enden aufsteigenden Stengeln, etwa 15–60 cm lang, an den Knoten wurzelnd. Alle Blätter gegenständig, kahl, dicklich, breit elliptisch bis länglich, am Grund abgerundet, kurz gestielt. Blüten zweiseitig symmetrisch, in gegenständigen oder wechselständigen, meist vierblütigen Trauben in den Achseln der Laubblätter. Krone etwa 4–6 mm breit, blau, mit sehr kurzer Kronröhre, oberster Kronzipfel etwas größer als die übrigen. 2 Staubblätter. Zusammengedrückte Kapselfrucht. Zerstreut bis verbreitet in und an langsam fließenden Gewässern und in Quellfluren. Meist nicht in größeren Beständen. Blüten V–VIII.
Bachbungen-Ehrenpreis oder Bachbunge kann ebenso wie Brunnenkresse oder zusammen mit dieser Pflanze verwendet werden.

Brunnenkressen-Suppe gehört zu den Standardgerichten der Wildpflanzenküche. Aufnahme in Irland, 13. Mai.

Die Echte Engelwurz (*Angelica archangelica*) ist eines der größten einheimischen Doldengewächse. Aus ihren Stengeln kann man im Frühjahr kandierte Naschereien herstellen. Aufnahme 20. Mai.

Echte Engelwurz *Angelica archangelica* L.
Fam. Doldengewächse (*Apiaceae*)
Große, ansehnliche, zweijährige Pflanze bis etwa 250 cm Höhe. Stengel aufrecht, hohl, längsstreifig, verzweigt, grün. Blätter sehr groß, 2- bis 3fach gefiedert, Fiedern 1. Ordnung sehr kurz gestielt, 3- bis 7lappig oder ihrerseits fiederteilig. Blattstiele der unteren Blätter sehr lang und bauchig aufgetrieben. Blüten in großer, zusammengesetzter Dolde, mit 30–40 etwas ungleich langen Doldenstrahlen. Hülle meist fehlend. Hüllchenblätter sehr zahlreich, linealisch. Blüten alle zwittrig. Früchte elliptisch, einseitig zusammengedrückt. Selten bis zerstreut in Hochstaudenfluren und Röhrichten an Ufern und Gräben, meist nur in den Talsystemen der größeren Flüsse (Stromtalpflanze). Dort wahrscheinlich nicht ursprünglich, sondern Gartenflüchtling aus mittelalterlichen Burg- und Klostergärten. Blüten VII–IX.
Achtung: Nur 100%ig bestimmte Pflanzen verwenden, da zu den Doldengewächsen auch einige tödlich giftige Arten gehören!

Von der Engelwurz wird in der Hauptsache der große Wurzelstock verwendet. Er gilt als aromatische Bitterstoffdroge und ist wichtiger Bestandteil verschiedener Klosterliköre und im Schnupftabak. Außerdem werden die Stengel und jungen Sprosse im zeitigen Frühjahr gesammelt, um daraus kandierte Naschereien herzustellen. Man sollte die wenigen einheimischen Bestände dieser Pflanze für diesen Zweck jedoch nicht dezimieren. Eine bessere Lösung wäre, diese dekorative Pflanze wieder häufiger in der Kräuterecke der Gärten anzupflanzen.

Strand-Salzmelde *Halimione portulacoides* (L.) AELLEN
Fam. Gänsefußgewächse (*Chenopodiaceae*)
Ausdauernder Halbstrauch mit ästigen, ausgebreiteten, liegenden oder bogig aufsteigenden Stengeln, etwa 30–100 cm hoch, am Grunde verholzt. Blätter graugrün, gegenständig, länglich bis verkehrt-eiförmig, kurz gestielt. Blüten unscheinbar, grünlich, in verlängerten Rispen. Salzpflanze auf der Strand-Beifußwiese in Außendeichgebieten oder

Strand-Salzmelde (*Halimione portulacoides*) kann als Gemüse zubereitet werden. Aufnahme 4. Juni.

entlang von Prielen. Im Nordseegebiet recht häufig. Fehlt an der Ostsee. Blüten VII–IX.

Salzmelden-Gemüse (2 Portionen)
350 g Salzmelden-Blätter
25 g Butter
2 EL fein gehackte Petersilie
Salz, Pfeffer
Saft einer halben Zitrone
Salzmelden-Blätter gründlich waschen und mit wenig Wasser weichkochen, Wasser abgießen, Butter, Petersilie und Zitronensaft zugeben und nach Geschmack würzen. Über der Flamme noch ein wenig erhitzen und warm servieren.

Malven-Melokhia-Suppe. Aufnahme 5. Juni.

Wilde Malve *Malva sylvestris* L.
Fam. Malvengewächse (*Malvaceae*)
Mehrjährige Pflanze mit aufrechtem oder aufsteigendem Stengel, meist 30–90 cm hoch, spärlich behaart, verzweigt oder einfach. Grundblätter annähernd kreisrund, 4–10 cm breit, etwas gelappt, leicht faltig, lang gestielt. Stengelblätter 5- bis 7lappig, wenig behaart. Blüten radiär, zu mehreren auf kurzen Stielen in den Blattachseln, bis 40 mm breit. Außenkelch aus 3 freien, länglich-lanzettlichen Blättern. Kelch 5zipflig, Kronblätter 5, frei, etwa 4mal so lang wie die Kelchblätter, vorne tief ausgerandet, rosa-purpurn mit dunklerer Aderung. An Wegrändern, in Unkrautfluren oder an Waldsäumen weit verbreitete Pflanze. Blüten VI–X.
In der Wildpflanzenküche werden fast ausschließlich die jungen, weichen Blätter dieser Pflanze verwendet.
Die einheimische Malve gleicht im Geschmack sehr der berühmten Melokhia (*Carchorus olitorius* L.), die besonders in den arabischen Ländern vielfach angepflanzt und zu Suppen verarbeitet wird.

Die Wilde Malve (*Malva sylvestris*) ist recht häufig an Wegrändern zu finden. Aufnahme 6. Juni.

Malven-Melokhia-Suppe (4 Portionen)
2 Liter Hühner- oder Fleischbrühe
750 g Malven-Blätter, fein gehackt oder püriert
3 EL Oliven-Öl
4 Knoblauch-Zehen, fein gehackt
1 EL gemahlener Koriander
etwas Cayenne-Pfeffer, Salz
Brühe zum Kochen bringen und Malven-Blätter einrühren. In der Zwischenzeit Knoblauchzehen in etwas Öl und Salz bräunen, Koriander und Pfeffer zugeben und das Ganze in die Suppe einrühren. Weitere 3 Min. erhitzen und servieren.

Rote Spornblume (*Centranthus ruber*) ist im Küstengebiet recht häufig. Aufnahme 5. Juni.

Kleiner Wiesenknopf, Kleine Bibernelle *Sanguisorba minor* SCOP. Fam. Rosengewächse (*Rosaceae*)
Ausdauernde, mitunter auch wintergrüne Pflanze von 15–40 cm Höhe mit kantig-gefurchtem, aufrechtem oder aufsteigendem, am Grunde behaartem Stengel. Blätter der grundständigen Rosette 10–20 cm lang, mit rötlicher Mittelrippe, unpaarig gefiedert. Fiederblättchen ungefähr gleichgroß, rundlich bis eiförmig, scharf gezähnt. Stengelblätter mit weniger Fiederblättchen, ober- und unterseits gleichfarben. Blüten in endständigen, rundlichen Köpfen. Kelch grünlich-rot. Kronblätter fehlen. Blüten entweder eingeschlechtig (oben und unten) oder zwittrig (Mitte). Verbreitet an Böschungen, Ufern, Wegrändern, in Felsfluren und Halbtrockenrasen. Magerkeitszeiger. Früher häufig in Bauerngärten, Blüten V–VIII.
Diese Pflanze wurde früher gerne als Gewürzpflanze, zum Aromatisieren verschiedener Salate oder Gemüse oder auch zur Bereitung von Kräuteressig verwendet.

Bibernellen-Getränk
Einige Blätter der Pflanze zerquetschen, eine Flasche Weißwein und 3 Gläser Sherry darübergießen, eine Zitrone (in Scheiben) dazugeben und 2 Stunden stehen lassen.

Bibernellen-Getränk auf Weißweinbasis. Aufnahme (in der Cheddar Gorge) am 20. Juni.

Rote Spornblume *Centranthus ruber* (L.) DC.
Fam. Baldriangewächse (*Valerianaceae*)
Mehrjährige Pflanze bis etwa 80 cm Höhe mit aufrechtem, meist wenig verzweigtem, kahlem Stengel. Blätter gegenständig. Blüten purpurn, in dichten Blütenständen. Verbreitet an Mauern und in Felsspalten des Küstengebiets. Blüten V–VII.
In alten Kräuterbüchern wird diese Art als Salatpflanze empfohlen. Die Blätter schmecken jedoch recht bitter.

Zuckertang (*Laminaria saccharina*) geröstet und zu Chips verarbeitet. Aufnahme 31. März.

Salat aus Meersalat (*Ulva lactuca*) mit Sahne-Dressing. Aufnahme 27. Mai.

Zuckertang *Laminaria saccharina* (L.) LAMOUR.
Fam. *Laminariaceae*
Mehrjährige Braunalge von dunkelbrauner bis olivbrauner Färbung mit langem, ungeteiltem Blatt, einem rundlichen Stielabschnitt und einer reich verzweigten basalen Haftkralle. Blatt lederig, dicklich, flexibel, etwa 20–350 cm lang, 10–30 cm breit, am Rande meist stärker gewellt und in der Mitte stark runzlig gefeldert bzw. völlig glatt (nur Helgoländer Exemplare). Stielteil 10–40 cm lang, um 1 cm dick, biegsam, drehrund. Unterhalb der Niedrigwasserlinie an allen Felsküsten Europas bis in etwa 20 m Wassertiefe bestandsbildend. Fehlt im südlichen Atlantik und im Mittelmeergebiet. Nördlich bis in arktische Gewässer.

Zuckertang-Chips
Jüngeres, etwa 50–100 cm langes Exemplar sammeln, zum Trocknen aufhängen, in kleine Stückchen schneiden und in Sesam-Öl leicht anbraten. Nach einigen Minuten von der Flamme nehmen und abtropfen lassen. Zuckertang-Chips eignen sich vorzüglich als Appetitanreger.

Meersalat (*Ulva lactuca*) an seinem Standort nahe der Flutlinie. Aufnahme 3. Juni.

Meersalat *Ulva lactuca* L. Fam. *Ulvaceae*
Sehr formenreiche, flächige Grünalge von hellgrüner bis kräftig grüner Färbung, unter Wasser manchmal bläulich irisierend, blattartig, 10–80 cm lang, bis 50 cm breit, meist jedoch kleiner, sehr dünn, von unregelmäßigem Umriß, meist gelappt oder wellig-faltig, zweischichtig, jedoch nicht hohl. Nabelartige Anheftungsstelle vorhanden oder (bei verdrifteten Stücken) fehlend. Weltweit in der Gezeitenzone auf Gestein oder anstehendem Fels. Sehr häufig und das ganze Jahr über vorhanden.

Meersalat (2 Portionen)
200 g Meersalat, fein gehackt
3 kleinere Zwiebeln, fein gehackt
¼ Liter Sahne
Saft einer halben Zitrone
2 TL Weinessig
1 EL Oliven-Öl
Cayenne-Pfeffer
Meersalat in wenig Butter über kleiner Flamme kurz erhitzen und abkühlen lassen. Aus den übrigen Zutaten ein Dressing anrühren und mit dem Meersalat vermischen. Nach Geschmack mit Cayenne-Pfeffer würzen.

Darmtang *Enteromorpha intestinalis* (L.) LINK
Fam. *Ulvaceae*
Durchscheinende, blaßgrüne oder kräftiger grüne Alge von röhrenartiger Gestalt, meist blasig oder bauchig aufgetrie-

Darmtang kann in heißem Öl zu knusprigen Stückchen fritiert werden. Aufnahme 22. April.

ben, seltener auch völlig flach und dann schmal bandförmig, abschnittweise zusammengeschnürt, wenig verzweigt oder unverzweigt, etwa 5–60 cm lang und 1–3 cm breit. Einzeln oder in ausgedehnten Beständen auf Felsen und in Gezeitentümpeln entlang den Atlantikküsten. Auch in der Ostsee.

Fritierte Enteromorpha

Algenstücke gründlich reinigen und in Süßwasser ausspülen. Pflanzenöl (z. B. Sonnenblumen-Öl) erhitzen und Algenstücke darin fritieren. Unmittelbar servieren und verzehren. In dieser Form werden Grünalgen der Gattung *Enteromorpha* und andere Formen auch in der ostasiatischen Küche verarbeitet.

Darmtang (*Enteromorpha intestinalis*) an seinem Standort in der Gezeitenzone. Aufnahme 28. Mai.

Eichenblatt-Wein – ein ungewöhnliches, aber versuchenswertes Getränk. Aufnahme 3. Juni.

Rot-Buche *Fagus sylvatica* L.
Fam. Buchengewächse (*Fagaceae*)
Großer Baum bis etwa 40 m Höhe mit breiter, hochgewölbter Krone. Rinde glatt, grau, manchmal etwas aufgerauht. Reich verzweigt. Äste aufrecht oder etwas überhängend. Zweige purpurbraun, glatt. Knospen etwa 2 cm lang, abstehend. Blätter 4–10 cm lang, oval bis länglich-elliptisch, kurz zugespitzt, am Rande wellig und lang bewimpert, oberseits spärlich anliegend behaart, dunkelgrün. Männliche Blüten zahlreich in Büscheln. Weibliche Blüten in einer 4klappigen Hülle, meist zu 2 auf einem Stiel. Nußfrucht 12–18 mm lang, 3kantig. Wichtiger und weit verbreiteter, oft auch angepflanzter europäischer Waldbaum. Blüten IV–V.
Verwendet werden die jungen, hellgrünen Blätter.

Buchenblätter-Likör
Die jungen, noch hellgrünen Buchenblätter kann man zu einem likörartigen Getränk verarbeiten. Man füllt ein größeres Glasgefäß (etwa 1 Liter Inhalt) zur Hälfte mit den Blättern, gießt eine Flasche Gin darauf und läßt das Ganze 3 Wochen unter Verschluß stehen. Dann löst man 250 g Zucker in etwa ½ Liter Wasser auf. Gin abgießen, mit der Zuckerlösung und 1 Glas Brandy mischen. Nochmals 2–3 Wochen unter Verschluß stehen lassen.

Stiel-Eiche *Quercus robur* L.
Fam. Buchengewächse (*Fagaceae*)
Stattlicher, sommergrüner Baum bis etwa 45 m Höhe mit unregelmäßig aufgebauter, breiter, gewölbter Krone. Rinde

Buchenblatt-Likör ist eine der besten Empfehlungen zur Verwendung frischgrüner Blätter. Aufnahme 25. Mai.

hellgrau, mit dichtem Leisten- und Furchenmuster überspannt. Äste an der Basis sehr massiv, vielfach gekrümmt, meist niedrig am Stamm ansetzend. Junge Zweige bräunlich. Blätter verkehrt-eiförmig, stumpf, am Grunde geöhrt, am Rande mit 5–7 Paar unregelmäßiger Lappen, leicht asymmetrisch. Mittelrippe etwas geschwungen. Eicheln zu 2–3 auf einem 4–8 cm langen Stiel. Wichtiger und überall verbreiteter Waldbaum. Blüten V–VI.

Eichenblatt-Wein

Etwa 4,5 Liter frische Eichenblätter (Mitte bis Ende Mai gesammelt) werden mit der gleichen Menge kochenden Wassers übergossen. Etwa 24 Stunden stehen lassen, abgießen und Flüssigkeit nochmals aufkochen. Dann 1 kg Zucker, etwas Orangensaft und geriebene Orangenschale einrühren. Nach dem Abkühlen Hefe zugeben und etwa 5 Tage lang gären lassen. Nach der Hauptgärung in einen Gärballon umfüllen, unter leichtem Verschluß nachgären und absetzen lassen. Trübung in der Flüssigkeit durch Filtration oder mit Pektinol entfernen, in heiß ausgespülte Flaschen füllen, dicht verschließen und stehen lassen. Auch die Flaschenverschlüsse (Kork etc.) müssen steril sein (vorher etwa 10 Min. kochen).

Wenn genügend Frischmaterial zur Verfügung steht, kann dieses Rezept auch mit den Blättern vom Nußbaum (*Juglans regia*) versucht werden. Dabei sind nur etwa 3 Liter Blätter erforderlich.

Holunderblüten-Sekt und -Eis. Aufnahme 15. Juni.

Schwarzer Holunder *Sambucus nigra* L.
Fam. Geißblattgewächse (*Caprifoliaceae*)
Kleinerer, sommergrüner Baum oder Strauch bis etwa 10 m Höhe. Rinde rissig gefurcht, graubraum bis gelbbraun, an älteren Exemplaren sehr korkig. Von der Stammbasis wachsen häufig sehr lange, gerade Schößlinge (Wasserreiser) auf. Äste gebogen bis aufrecht. Zweige und jüngere Äste mit weißem Mark, Blätter gegenständig, unpaarig gefiedert mit 2–3 Fiederpaaren. Fiederblättchen 4,5–12 cm lang, oval, zugespitzt, gesägt bis gezähnt, unterseits sehr spärlich behaart. Blüten in flacher, doldenartiger Schirmrispe, bis 25 cm Durchmesser. Einzelblüten sehr klein, cremeweiß, nicht sehr stark duftend, 3- bis 5zählig, nicht strahlend, sondern mit gleichgroßen Kronzipfeln. Steinfrüchte kugelig, zur Reifezeit schwarz oder rötlich-schwarz, kugelig, mit je 2–3 knorpeligen Steinsamen. Ziemlich häufiges

Licht- oder Halbschattenholz in krautreichen Wäldern, Hekken, Gebüschen, überwiegend auf frischen, nährstoff- und stickstoffreichen Böden. Häufig auch als Kulturrelikt. Blüten VI–VII.

Dem Schwarzen Holunder in der Wuchsform recht ähnlich ist der Rote Holunder (*Sambucus racemosa*). Das Mark in den Zweigen ist rostbraun, die Steinfrüchte sind karminrot. Blätter und Früchte dieser Art sollten auf keinen Fall verwendet werden!

In der Mythologie ist gerade der Holunder wie kaum ein zweites einheimisches Gehölz eine vielzitierte Pflanze. Der Baum gilt als Mittel gegen Hexenzauber, weshalb man noch heute in ländlichen Gegenden Holunder häufig in Haus- und Hofnähe oder bei freistehenden Heuschobern findet. Selbst in der Bibel wird Holunder schon erwähnt. Viele Teile des Schwarzen Holunders kann man sinnvoll nutzen, allen voran die angenehm duftenden Blüten und die schwarzen Steinfrüchte, botanisch etwas unkorrekt meist als Holunderbeeren bezeichnet (vgl. auch S. 118–120). Von den vielen Rezepten, die es für die Verwendung von Holunder gibt, sind hier einige der interessantesten zusammengestellt.

Holunderblüten-Sekt

4 Schirmrispen in voller Blüte
4,5 Liter Wasser
1 Zitrone
650 g Zucker
2 EL Weinessig

Zucker in wenig Wasser vollständig auflösen. Zitrone auspressen, Schale in Stückchen schneiden und zusammen mit den Holunderblüten in ein großes Gefäß geben. Restliches Wasser, Zucker-Lösung und Weinessig hinzugeben und etwa 4 Tage lang stehen lassen. Nach etwa 6–10 Tagen sollte das Getränk fertig sein. In der Zwischenzeit kann man bereits vorsichtig abheben und auf Flaschen füllen, doch sollte immer einmal kontrolliert werden, daß sich in den Behältern nicht zuviel Druck aufbaut. Sollte der Ansatz nicht innerhalb einer Woche von selbst mit der Gärung beginnen, kann man weitere 5–6 Tage abwarten. Nur in wenigen Fällen sind auf den Blütenständen so wenige natürliche Hefen, daß die Gärung vollends versagt. Nach Abschluß der Hauptgärung haben Sie ein sehr erfrischendes Sommergetränk!

Holunderblüten-Wein

½ Liter Holunderblüten, ohne Stiele
1 kg Zucker
450 g Rosinen
2 Zitronen
4,5 Liter Wasser
1 geschlagenes Eiweiß
Hefe

Zucker, Rosinen und Eiweiß mit Wasser etwa eine Stunde lang kochen. Hefe ansetzen. Nach Abkühlen der Flüssigkeit Holunderblüten einrühren, Zitronensaft und Hefe zugeben. In einem großen, offenen Gefäß etwa 3 Tage lang gären lassen, zum Ausbau in eine Ballonflasche umfüllen. Nach Absetzen der Trübstoffe in heiß gespülte, sterile Flaschen umfüllen und dicht verschließen. Vor Gebrauch noch etwa 3 Monate lang stehen und reifen lassen. Eventuelle Trübungen in der Flüssigkeit können auch mit Pektinol oder ähnlichen Hilfen entfernt werden. Holunderblüten-Wein wird mit der Zeit immer besser. Daher sollte man einige Flaschen länger lagern lassen.

Gebackene Holunderblüten (4 Portionen)

Aus 100 g Mehl, einem Ei, etwas Milch und Wasser einen cremigen Teig anrühren. Holunder-Schirmrispen (ungewaschen, aber gründlich aussortiert) kurz eintauchen und in heißem Öl oder Fett ausbacken, bis eine goldbraune Farbe erreicht ist. Auf Papier etwas abtropfen lassen und mit Zucker und Zimt servieren.

Echter Steinklee (*Melilotus officinalis*). Aufnahme 9. Juni.

Holunderblüten-Eis

Aus 150 g Zucker und etwa ½ Liter Wasser auf kleiner Flamme Sirup anrühren. Anschließend etwa ⅕ Liter Zitronensaft einrühren und fein geriebene Zitronenschale zugeben. Etwa 25 g getrocknete Holunderblüten (ohne Stiele) in einem Tuchbeutel in die Flüssigkeit hängen und 5 Min. lang erhitzen. Anschließend gut auspressen. Flüssigkeit in Gefrierschalen füllen und in der Kühltruhe gefrieren.

Holunderblüten-Milchmix

3 Blütendolden
½ Liter Milch
1 EL Zucker
1 Päckchen Vanillinzucker
2 Eigelb
2 Gläschen Cognac

Heiße Milch über die Blütendolden gießen und 10 Min. ziehen lassen, abseihen und die aromatisierte Milch abkühlen lassen. Eigelb, Zucker und Vanillinzucker schaumig rühren, Holunder-Milch und Cognac zufügen und kühl servieren. (Aus LAUX, Kochrezepte für Naturfreunde).

Holunderblüten-Tee („Fliedertee")

4 TL getrocknete Holunderblüten
½ Liter Wasser

Holunderblüten mit kochendheißem Wasser übergießen und ca. 10 Min. ziehen lassen, abseihen, nach Geschmack mit Honig süßen und möglichst heiß trinken.

Dieser Tee eignet sich bei Erkältungskrankheiten sehr für eine Schwitzkur, täglich 2 Tassen möglichst heiß trinken. (Aus LAUX, Kochrezepte für Naturfreunde.)

Echter Steinklee *Melilotus officinalis* (L.) PALL.
Fam. Schmetterlingsblütengewächse (*Fabaceae*)

Zweijährige Pflanze von 40–90 cm Höhe. Blätter 3zählig gefiedert. Nebenblätter mit dem Stengel verbunden, Blättchen länglich-elliptisch, 1,5–3 cm lang, am Rande gezähnt. Blüten in verlängerten Trauben, zweiseitig symmetrisch, gelb, um 6 mm lang. Häufig in Unkrautfluren an Wegrändern oder anderen Ruderalstandorten. Blüten VII–IX.

Steinklee wird vielfach noch als Heilpflanze verwendet. Früher wurden Blätter und Blüten häufig verwendet, was wegen des recht hohen Cumarin-Gehaltes vielleicht nicht sehr ratsam ist.

Besenginster (*Sarothamnus scoparius*). Blütenknospen geben eine sehr farbige Ergänzung zum Salat. Aufnahme 10. Mai.

Besenginster-Blütenwein zeichnet sich durch seinen sehr trockenen Geschmack aus. Aufnahme 10. Juni.

Besenginster *Sarothamnus scoparius* (L.) KOCH
Fam. Schmetterlingsblütengewächse (*Fabaceae*)
Winterkahler, teils auch sommerkahler Strauch von etwa 50–200 cm Höhe, reich verzweigt. Zweige aufrecht oder bogig aufsteigend, ziemlich steif, 5kantig, grün, Blätter 3zählig gefiedert, sehr kurz gestielt und fast sitzend, 5–20 mm lang, länglich-elliptisch, anliegend behaart oder fast kahl. Bei fehlenden Blättern wird die photosynthetische Kohlenstoffassimilation von den grünen Zweigen übernommen. Blüten einzeln blattachselständig oder in verlängerten, endständigen Trauben. Kelch kahl, grün, 2lippig. Blüten ziemlich groß, bis 2 cm lang, mit goldgelber Krone, öffnet sich bei Insektenbesuch durch plötzliches Vorschnellen der spiralig aufgerollten Staubblätter. Hülse anfangs seidig behaart, etwa 4 cm lang, schwarz, öffnet sich bei Trockenheit an warmen Sommertagen mit lautem Knistern. Gebietsweise recht häufige meist gesellig auftretende Pflanze auf Waldlichtungen, an Waldsäumen, auf Brachland, an Wegen, in Heiden und Sandfluren, vorwiegend in niederschlagsreicheren, nahezu frostfreien Gegenden. Versäuerungszeiger, fehlt daher in allen Kalkgebieten. Blüten V–VI.
Besenginster enthält verschiedene Wirkstoffe, die überwiegend auf das Kreislaufsystem einwirken. Daher wird die Pflanze immer noch für Arzneizwecke gesammelt. Je nach Standort kann ihr Wirkstoffgehalt jedoch stärker schwanken, so daß eine genaue Dosierung unsicher ist. In der Volksmedizin wird der Besenginster daher kaum noch eingesetzt.
Achtung: Alle Rezeptvorschläge sollten genau beachtet und auf keinen Fall die glänzenden dunklen Samen für Genußzwecke aufbereitet werden, um akute Vergiftungen zu vermeiden! Gewöhnlich kann man davon ausgehen, daß nur die älteren, ausgereiften Teile der Pflanze bedenkliche Inhaltsstoffe in größerer Menge führen.
Besenginster gehört gewiß nicht zu den stark wirksamen Giftpflanzen wie Fingerhut oder Maiglöckchen. Seine leuchtend gelben Blüten haben schon immer die Aufmerksamkeit der Menschen auf sich gezogen. Heinrich II. von England steckte sich einen blühenden Besenginsterzweig an den Helm, wenn er in die Schlacht zog, und war so für seine Leute gut zu erkennen. Später erscheint die Pflanze in seinem Wappen, und vom lateinischen, mittelalterlichen Namen des Besenginsters (*planta genista*) leitet sich der Name Plantagenets für eines der früheren englischen Königshäuser ab.
Besenginster ist nicht nur hübsch anzusehen und als Arzneipflanze von gewisser Bedeutung, sondern auch eine interessante technische Nutzpflanze. Seine deutsche Namensgebung bezeichnet die in ländlichen Gegenden früher übliche Verwendung zum Binden von Besen und anderen Kehrvorrichtungen, manchmal zusammen mit Besenheide (*Calluna vulgaris*) oder Birkenzweigen. Die sehr faserhaltigen Zweige wurden zeitweise ähnlich wie Flachs mazeriert, um so verspinnbare Fasern zu gewinnen. Schließlich dienten die jungen Zweige und Triebe zur Herstellung von Farbflotten, ähnlich wie beim nahe verwandten Färber-Ginster (*Genista tinctoria*). Man kann daraus fahlgelbe, zartgrüne oder moosgrüne Farbtöne auf Wolle ziehen, je nachdem, wieviel Pflanzenmaterial zuvor eingesetzt wurde.

Besenginsterknospen-Salat (2 Portionen)
1 Tasse unentfaltete Besenginster-Blütenknospen
2 große Tomaten
6 Champignons
Kresse
Salat-Dressing nach Geschmack
Tomaten und Pilze in Stückchen schneiden, Blütenknospen daruntermischen und Salat-Dressing zugeben.

Fichten-Bier, aus den jungen Trieben der Bäume hergestellt, ist gewiß eines Versuches wert. Aufnahme 6. Juni.

Besenginsterblüten-Wein
2 Liter Besenginsterblüten, voll entfaltet
1 kg Zucker
2 Orangen
2 Zitronen
4,5 Liter Wasser
Hefe
Blüten mit Orangen- und Zitronensaft beträufeln. Wasser aufkochen lassen, Zucker auflösen und Reste der Orange bzw. Zitrone hineingeben. Nach nochmaligem Aufkochen über die Blüten gießen und abkühlen lassen. Hefe anstellen, mit dem Ansatz mischen und 4 Tage lang gären lassen. Dann abgießen und zum Nachgären in eine Ballonflasche füllen. Schließlich filtrieren, abfüllen und mit sterilen Korken verschließen.
Dieser Wein ist ziemlich trocken und herb.

Gemeine Fichte *Picea abies* (L.) KARSTEN
Fam. Kieferngewächse (*Pinaceae*)
Immergrüner Nadelbaum mit ziemlich regelmäßig aufgebauter, kegeliger Krone, bis 70 m hoch. Äste vergleichsweise kurz, meist abstehend oder etwas hängend. Junge Triebe rötlichbraun, unbehaart oder zerstreut behaart. Nadelblätter 10–25 mm lang, im Querschnitt vierkantig, spitz, mittelgrün bis dunkelgrün, mit helleren Linien, an den Zweigen undeutlich gescheitelt. Weibliche Zapfen 10–18 cm lang, zur Reifezeit hellbraun. Zapfenschuppen unregelmäßig rhombisch, an der Spitze etwas ausgerandet. In Europa nur in den Alpen, den höchsten Mittelgebirgslagen und in Skandinavien heimisch, durch forstliche Anpflanzung heute überall häufig. Blüten V.
In der Gegend um Danzig wurde und wird aus jungen Fichtenzweigen ein beliebtes Getränk hergestellt, das unter der nicht ganz korrekten Bezeichnung „Fichten-Bier“ eine gewisse Bekanntheit erlangte:

„Fichten-Bier“
Etwa 40 junge Fichten-Zweigspitzen (im Mai oder Juni gesammelt) 30 Min. lang in Wasser kochen, abkühlen lassen und abgießen. Flüssigkeit mit Hefe und Zucker anstellen und 6 Tage lang gären lassen. Schaum abschöpfen und zum Nachgären umfüllen, dann auf Flaschen ziehen. Um eine dunkle Färbung zu erzielen, kann dunkelbraune Melasse (Rübenmelasse) vor der Gärung zugesetzt werden.

Meerrettich-Sauce kann zu verschiedenen Gerichten serviert werden. Aufnahme 23. Juni.

Meerrettich *Armoracia rusticana* G. M. SCH.
Fam. Kreuzblütengewächse (*Brassicaceae*)
Mehrjährige, recht ansehnliche Pflanze bis 100 cm Höhe mit dicker, fleischiger Wurzel. Grundblätter länglich-oval, bis 50 cm lang, gekerbt oder fein gezähnt, lang gestielt, vorne spitz oder leicht abgestumpft. Stengelblätter dagegen kurz gestielt (sitzend) und fast ganzrandig, mitunter fiederteilig. Kreuzblüten klein. Kelchblätter 4, nicht bauchig gewölbt. Kronblätter 4, weiß, bis 8 mm lang. Blüten in endständigen Trauben. Früchte in Form kleiner, kugeliger Schötchen, häufig ohne Samenansatz. Alte Kulturpflanze. Stellenweise häufig aus Gartenkulturen verwildert in Unkrautfluren entlang von Bahndämmen, an Wegrändern, Böschungen, Gräben. Meist auf tiefgründigem Boden. Blüten V–VII.
Schon Dioskurides erwähnt den Meerrettich als eine besonders empfehlenswerte Pflanze, und tatsächlich wurde er im Mittelmeergebiet, seiner eigentlichen Heimat, schon vor über 2000 Jahren angebaut, längst bevor er nach Mitteleuropa gelangte. Gesammelt und verwendet wird von dieser Pflanze die große, fleischige Wurzel, die man auf jeden Fall mit einer Grabgabel oder einem Spaten aus der Erde holen muß. Eine der bekanntesten kulinarischen Verwendungen ist die

Meerrettich-Sauce
50 g frischer Meerrettich
⅛ Liter Sahne
1 EL Zucker
½ TL Senfpulver
½ TL Salz
2 TL Weinessig
etwas Pfeffer
Die Meerrettich-Wurzeln etwa 1 Stunde lang in Wasser le-

Meerrettich (*Armoracia rusticana*) ist an seinen großen Blättern gut zu erkennen. Aufnahme 25. Juni.

Drachenmaul-Salbei (*Salvia horminoides*) – zu selten, um heute noch verwendet zu werden. Aufnahme 25. Juni.

gen, dann gründlich schälen oder abschaben, anschließend reiben oder in feine Scheibchen schneiden. Sahne cremig schlagen, übrige Zutaten und die geriebenen, zerkleinerten Wurzeln hinzugeben, gründlich vermischen und servieren.
Das Schälen der Meerrettich-Wurzeln treibt das Wasser in die Augen, viel schlimmer noch als Zwiebeln. Man sollte die Wurzeln daher am besten am offenen Fenster verarbeiten.

Meerrettich-Kartoffel-Salat (2 Portionen)
450 g gekochte Kartoffeln
2 EL geriebener Meerrettich
Joghurt
Petersilie, fein gehackt
Salz
Kartoffeln in Scheiben schneiden. Meerrettich, Petersilie, eventuell weitere Gewürze nach Geschmack und Joghurt miteinander vermischen und unter die Kartoffeln rühren.

Drachenmaul-Salbei *Salvia horminoides* POURRET
Fam. Lippenblütengewächse (*Lamiaceae*)
Mehrjährige Pflanze mit aufrechten, verzweigten Stengeln, bis etwa 80 cm hoch. Grundständige Blätter meist weniger als doppelt so lang wie breit, von dreieckigem Umriß, etwas runzlig, gestielt, ungleichmäßig gelappt und gezähnt, drüsig behaart. Blüten in entfernten Scheinquirlen an langer, dünner Scheinähre. Kronen blauviolett, bleiben meist geschlossen, geöffnet etwa 15 mm lang. Unterlippe weiß gefleckt. Nur in West- und Südeuropa auf Trockenstandorten verbreitet. Blüten V–VIII.

Wiesen-Salbei *Salvia pratensis* L.
Fam. Lippenblütengewächse (*Lamiaceae*)
Mehrjährige, kräftige Pflanze von etwa 30–60 cm Höhe mit aufrechtem, verzweigtem, vierkantigem Stengel, im oberen Teil klebrig-drüsig behaart. Blätter gegenständig, von länglich-ovalem Umriß, unregelmäßig gelappt oder gezähnt, meist mehr als doppelt so lang wie breit, runzlig, borstig behaart. Blüten in Scheinquirlen an endständigen Scheinähren. Kelch zweilippig, grün, behaart. Krone blau bis blauviolett, bis 25 mm lang, mit gelenkigen Staubblättern und Griffeln. Zerstreut bis verbreitet in trockenen Wiesen und Halbtrockenrasen. Blüten V–VIII.
Die wildwachsenden Salbei-Arten enthalten die gleichen Wirk- und Inhaltsstoffe wie der aus dem Mittelmeergebiet stammende Echte Salbei (*Salvia officinalis*), jedoch in viel geringerer Konzentration. Daher werden sie heute auch kaum noch als Arznei- bzw. Gewürzpflanzen verwendet. Früher waren beide Arten dagegen vielfach in Gebrauch. Insbesondere Wiesen-Salbei, der in Mitteleuropa recht häufig ist, hat eine lange Tradition. In früheren Jahrzehnten und Jahrhunderten wurde er gelegentlich sogar bei der Weinfälschung eingesetzt. Ein Aufguß zusammen mit Holunderblüten wurde mit Rheinwein vermischt, der anschließend als Muskateller in den Handel gebracht wurde. Moderner Analytik bleibt solcher Schwindel nicht lange verborgen. In früheren Zeiten war es schwieriger, das Betrugsmanöver zu entdecken.

Wiesen-Salbei (*Salvia pratensis*) ist die häufigste der einheimischen Salbei-Arten. Aufnahme 1. August.

Kleine Klette (*Arctium minus*). Aus den Stengeln und/oder Wurzeln kann man Gemüsegerichte nach Art der japanischen Küche zubereiten. Aufnahme 24. Juni.

Kletten-Löwenzahn-Bier. Dieses sehr dunkel gefärbte Getränk wurde mit einer größeren Gabe Melasse zubereitet. Aufnahme 29. Juni.

Kleine Klette *Arctium minus* (HILL) BERNH.
Fam. Korbblütengewächse (*Asteraceae*)
Zweijährige Pflanze mit aufrechtem, reichästigem Stengel, etwa 50–100 cm hoch. Verzweigungen abstehend. Blätter ziemlich groß, von dreieckigem Umriß, am Grunde herzförmig, langgestielt, etwas runzlig und derb, oberseits matt dunkelgrün, unterseits graufilzig, am Rande unregelmäßig gewellt oder gekerbt bis gelappt, jedoch nicht fiederschnittig. Blattstiele ziemlich kräftig, grün oder rötlich überlaufen, oberseits gefurcht, hohl. Blüten in kugeligen, etwa haselnußgroßen Köpfen. Alle Hüllblätter mit hakenförmiger Spitze. Blüten purpurn, zwittrig, röhrig. Köpfchen in traubigen oder traubig-rispigen Blütenständen. Zerstreut bis verbreitet an mäßig trockenen bis frischen Ruderalstellen, an Gräben und Ufern oder an Böschungen und Krautsäumen. Basenhold, Blüten VII–IX.
Verschiedene einheimische Kletten-Arten gelten als wertvolle Heil- und Arzneipflanzen gegen verschiedene Beschwerden der Verdauungsorgane. Junge Kletten-Sprosse kann man etwa ab Mitte Mai sammeln und als Gemüse zubereiten. Die langen im Grund steckenden Kletten-Wurzeln sind sehr mühsam zu sammeln, werden aber ebenfalls als Gemüse zubereitet. Man sammelt dazu am besten die einjährigen Wurzeln im Herbst, wenn die Pflanze sich anschickt, die oberirdischen Teile einzuziehen. Wem das Ausgraben der tiefreichenden Wurzeln im Freiland zu mühsam ist, der kann sich ein paar Kletten-Pflanzen in den Garten setzen. Sie sehen nicht nur attraktiv aus, sondern belohnen die kleine Mühe auch mit einigen erprobungswürdigen Gerichten.

Kletten-Stengel-Gemüse
Verwendet werden zu diesem Gericht die jungen Sprosse, Blattstiele und Blütenstengel. Alle Teile schälen und nur das weichere Mark stehen lassen. Dieses zerkleinern und etwa 6–10 Min. in wenig Wasser kochen. Anschließend noch einmal kurz dämpfen, abtropfen lassen, mit einem Stich Butter umschwenken und heiß servieren. Würzen nach Geschmack mit etwas Pfeffer oder Muskat.

Kletten-Wurzel-Gemüse
Kletten-Wurzeln werden gründlich gewaschen, geputzt und in feine Streifchen geschnitten. Anschließend in wenig Wasser erhitzen, reichlich Sojasauce zugeben und etwa 15 Min. bei mäßiger Hitze ziehen lassen. Dabei kann der größte Teil der Flüssigkeit verdampfen, doch darf das Wurzelgemüse nicht anbrennen. Der Geschmack der Wurzeln ist sehr spezifisch, aber eine Erfahrung wert.

Kletten-Bier
Aus zerkleinerter Kletten-Wurzel, etwa 450 g Zucker, dunkler Melasse, Zitronensaft und Wasser kann nach dem Standardverfahren ein Gäransatz hergestellt und mit Allzweckhefe vergoren werden. Das fertige Getränk, noch während der Nachgärung auf Flasche gezogen, soll im Geschmack an ein Guiness erinnern.

Gänseblümchen *Bellis perennis* L.
Fam. Korbblütengewächse (*Asteraceae*)
Krautige, mehrjährige Pflanze mit verlängertem Wurzelstock. Blätter sämtlich in grundständiger Rosette, spatelig, sehr kurz gestielt, 2–9 cm lang, zerstreut behaart, gekerbt bis gezähnt. Blütenköpfe einzeln, endständig auf 4–20 cm langem Schaft, 15–30 mm breit. Hüllblätter stumpf, meist 2reihig. Strahlenblüten abstehend, weiß, mitunter leicht rötlich. Scheibenblüten gelb, zwittrig. Häufige und weit verbreitete Pflanze in Rasengesellschaften und auf Wiesen. Blüten II–XII.
Die Blüten und jungen, frischen Blätter kann man in Wildpflanzensalaten verwenden. Häufig werden die voll entfalteten Blütenköpfe als Dekoration auf Suppen oder anderen Zubereitungen eingesetzt.

Gänseblümchen (*Bellis perennis*). Aufnahme 1. Juni abends.

Salat aus Knollenkümmel, Grapefruit und Apfel. Aufnahme 16. Juni.

Großer Knollenkümmel (*Conopodium majus*). Aufnahme 16. Juni.

Mauerpfeffer (*Sedum acre*). Aufnahme 17. Juni.

Weidenröschen (*Epilobium angustifolium*) ist in Schlagfluren und an Säumen recht häufig und bestandsbildend. Aufnahme 25. Juli.

Großer Knollenkümmel *Conopodium majus* (GOUAN) LORET Fam. Doldengewächse (*Apiaceae*)
Mehrjährige, schwach verzweigte, an der Basis blattlose Pflanze von 20–60 cm Höhe. Stengel aufrecht, fein gerieft. Wurzelknolle 1–3,5 cm dick, dunkelbraun, unregelmäßig geformt. Blätter 3fach fiederteilig mit schmalen, pfriemenförmigen, fast rundlichen Abschnitten, von breit dreieckigem Umriß, bald verwelkend und kurzlebig. Blüten in zusammengesetzten Dolden, diese vor dem Aufblühen nikkend, etwa 3–7 cm breit, mit 6–12 Strahlen. Hüll- und Hüllchenblätter fehlend oder nur zu wenigen. Einzelblüten weißlich oder cremeweiß, kaum strahlend. Kalkmeidende Pflanze auf schattigen Wiesen, in Bergwiesen und an Waldsäumen, vor allem in West- und Nordwesteuropa, in Mitteleuropa bisher nur sehr vereinzelt. Blüten VI–VII.
Achtung: Nur eindeutig bestimmte Pflanzen verwenden, da unter den Doldengewächsen einige tödlich giftige Arten sind!

Knollenkümmel-Grapefruit-Salat (2 Portionen)
1 große Grapefruit, gewürfelt
1 Apfel, gewürfelt
10 Conopodium-Knollen
Saft einer halben Zitrone
etwas Pfeffer
Knollen schälen und halbieren. Mit etwas Salz und/oder Pfeffer abschmecken und dann Zitronensaft dazugeben. Mit der Grapefruit und dem Apfel mischen.

Scharfer Mauerpfeffer *Sedum acre* L.
Fam. Dickblattgewächse (*Crassulaceae*)
Kleine wintergrüne Pflanze mit 2–12 cm langen, kriechenden, liegenden oder nur an den Enden aufsteigenden Stengeln. Blätter ganzrandig, wechselständig, ungeteilt, ziemlich dickfleischig, bis 6 mm lang, sitzend, von dreieckigem Umriß, zugespitzt, stellenweise dachziegelig überlappend. Blüten radiär, zwittrig, um 1 cm breit, 5zählig, zu mehreren in doldigen Blütenständen. Verbreitet an trockenen Ruderalstellen, in Sandtrockenrasen oder in Felsfluren. Blüten VI–VIII.
Verwendung in kleinen Mengen als Gewürz.

Schmalblättriges Weidenröschen *Epilobium angustifolium* (L.) SCOP. Fam. Nachtkerzengewächse (*Onagraceae*)
Mehrjährige Pflanze mit kräftigem, horizontal wachsendem Wurzelstock und aufrechten, bis 120 cm hohen Stengeln. Blätter alle wechselständig, 4–15 cm lang, schräg aufgerichtet, sitzend oder sehr kurz gestielt, schmal lanzettlich bis elliptisch, an beiden Enden verschmälert, etwas gekerbt, unterseits bläulich-grün. Blüten zygomorph, 2–3 cm breit, in vielblütigen, dichten Trauben. Kelchblätter 4, aufrecht, purpurrot. Kronblätter 4, die beiden oberen viel breiter als die unteren. Ziemlich häufige Art in Schlagfluren, auf Waldrodungsflächen, auf Brachland, an Säumen und in Nadelholzforsten.
Viele Teile dieser Pflanze sind verwertbar. Die Wurzeln werden im Frühjahr gegraben und als Gemüse zubereitet. Junge Sprosse kann man im späteren Frühjahr sammeln und wie Spargel essen.

Rainfarn mit Äpfeln oder Rainfarn-Pfannkuchen zeichnen sich durch ein besonderes Aroma aus. Aufnahme 8. Juli.

Rainfarn *Tanacetum vulgare* L.
Fam. Korbblütengewächse (*Asteraceae*)
Mehrjährige Pflanze mit kriechendem Wurzelstock. Stengel ziemlich starr und zäh, aufrecht, wenig verzweigt, etwa 30–100 cm hoch, meist rötlich überlaufen. Blätter wechselständig, 10–25 cm lang, länglich-elliptisch im Umriß, kurzgestielt bis sitzend und teilweise stengelumfassend. Fiederabschnitte in 8–12 Paaren, scharf gezähnt, drüsig punktiert. Blütenköpfe 6–13 mm breit, zahlreich in endständigen Schirmrispen. Hüllblätter kahl, mit deutlichem Hautsaum. Strahlenblüten fehlen. Scheibenblüten röhrig, gelb, die äußeren rein weiblich, die inneren zwittrig. Häufig bis verbreitet in staudenreichen Unkrautfluren an Böschungen und Dämmen, an Wegrändern und Schuttstellen. Alle Teile der Pflanze enthalten ätherische Öle und riechen beim Zerreiben stark aromatisch. Blüten VII–IX.
Rainfarn ist eine alte Heil- und Zauberpflanze. Wie viele andere Heilkräuter galt er besonders im späten Mittelalter als sicheres Mittel zur Abweisung böser Dämonen. Im „Gart der Gesundheit", einem 1485 in Mainz erschienenen Buch, wird empfohlen, Kinder kurz über den aromatischen Rauch dieser Pflanze zu halten, damit sie wohlgestalt und gesund bleiben. Auch im Kräuterbuch von OTHO BRUNFELS (Straßburg 1532) wird die Pflanze im Zusammenhang mit Hexenzauber und Gespensterschutz erwähnt. Tatsächlich führt sie im ätherischen Öl stark wirksame Bestandteile, darunter als Geruchsträger das leicht flüchtige Thujon, das bei größerer Dosierung Vergiftungen der Verdauungsorgane und des Kreislaufs hervorrufen kann. Daher sollte bei der Verwendung dieser Pflanze in der Wildpflanzenküche vorsichtig und zurückhaltend vorgegangen werden. Die nachfolgenden Rezepte sind aus diesem Grunde nicht für den Dauergebrauch, sondern als **gelegentliche** geschmackliche Bereicherung gedacht.

Rainfarn (*Tanacetum vulgare*). Aufnahme 8. Juli.

Rainfarn-Auflauf (4 Portionen)
2 Eier
⅛ Liter Sahne
1 Weißbrotscheibe, gewürfelt
1 TL zerkleinerte Rainfarnblüten
25 g Butter
3 Äpfel, gewürfelt
Zitronenschale, gerieben
etwas Muskatnuß, gerieben
Eier, Sahne, Brot, Rainfarnblüten, Muskat und Zitronenschale vermischen und etwa 10 Min. stehen lassen. Butter schmelzen und Apfelstücke darin garen. Anschließend die Mischung der übrigen Zutaten darübergießen und bei mäßiger Hitze weiter erwärmen. Nicht umrühren. Nach dem Stocken die Mischung im Backofen kurz überbacken. Zum Servieren in Scheiben schneiden und mit Zucker bestreuen.

Rainfarn-Pfannkuchen (4 Portionen)
50 g Mehl
3 Eier
⅛ Liter Sahne
1 EL Zucker
4 Makronen, zerbröselt
½ TL geriebene Orangenschale
1 TL Rainfarn-Blüten oder -Blätter, zerkleinert
2 EL Sherry
1 EL geschmolzene Butter
Aus Mehl, Eiern und Sahne einen cremigen Teig anrühren. Übrige Zutaten einrühren und etwa 30 Min. lang stehen lassen. Etwa 50 g Butter schmelzen und den Teig löffelweise zu kleinen Pfannkuchen ausbacken. Heiß servieren und mit Zucker bestreuen.

Römische Kamille *Chamaemelum nobile* (L.) ALL.
Fam. Korbblütengewächse (*Asteraceae*)
Mehrjährige, stark aromatische Pflanze mit kurzem, verzweigtem Wurzelstock und aufrechten oder aufsteigenden Stengeln, etwa 10–60 cm hoch, verzweigt, behaart. Blätter wechselständig, sitzend, von länglich-ovalem Umriß, 2- bis 3fach fiederschnittig, mit schmalen, linealischen Zipfeln. Blütenköpfe bis 3 cm breit, einzeln, lang gestielt. Hüllblätter in 2 Reihen, länglich, glänzend. Strahlenblüten weiß, abstehend, meist weiblich, mitunter auch fehlend. Scheibenblüten röhrig, gelb, zwittrig. Ursprünglich nur im Mittelmeergebiet. Heute in verschiedenen Kulturformen angebaut, aber nur gelegentlich verwildert und dann in lückigen Sandtrockenrasen, an Rainen, Säumen, Böschungen und auf Triften. Blüten VI–IX.
Wesentlich häufiger und von gleichem Wert ist die Echte Kamille (*Matricaria chamomilla*), die man an ihren spitzkegeligen Blütenköpfen und den meist zurückgeschlagenen weißen Strahlenblüten erkennen kann. Der Blütenkopfboden ist bei dieser Art im Unterschied zu weiteren, recht ähnlichen Formen immer hohl. Die Pflanze ist auf frisch angeschüttetem Boden, entlang von Äckern und Feldern und an Wegrändern stellenweise sehr häufig. Blüten V–VIII. Beide Kamillen sind eine entzündungshemmende und krampflösende Droge. Kamillentee entfaltet darüber hinaus eine angenehm beruhigende Wirkung.

Kamillenblüten werden am besten im Halbschatten getrocknet. Aufnahme 26. Juni.

Kamillentee
1 TL frische oder getrocknete Blütenköpfe pro Tasse, mit kochendem Wasser aufbrühen, etwa 3–4 Min. ziehen lassen, dann abgießen. Mit wenig Honig gesüßt, entfaltet der Tee sein ansprechendes Aroma.

Sommer-Linde *Tilia platyphyllos* SCOP.
Fam. Lindengewächse (*Tiliaceae*)
Großer Baum mit gewölbter, manchmal recht schmaler Krone, bis etwa 40 m hoch. Rinde dunkelgrau, mit feinen Längsfurchen und flachen Leisten. Äste steil aufrecht. Zweige anfangs rötlich-braun, kahl oder flaumhaarig, Behaarung auf die Spitzenregion beschränkt. Knospen etwa 6 mm lang, eiförmig, dunkelrot, kahl oder fein behaart, mit nur 2 großen Knospenschuppen. Blätter 6–9 cm lang, breit-oval mit schlanker Spitze, am Grunde herzförmig, gezähnt. Blütenstände mit weißlich-grünen, schmalen, länglichen Tragblättern. Blüten gelblich-weiß, zu 2–6 hängend. Griffel unbehaart. Kapselfrucht bis 12 mm groß, kugelig oder birnenförmig. Blätter unterseits mit weißen Haarbüscheln in den Blattnervachseln. Wichtiger Waldbaum in Laub- und Laubmischwäldern. Nördlich der Mittelgebirge

Lindenblüten-Tee zeigt eine leicht grünlich-gelbe Färbung. Aufnahme 29. Juni.

selten, dort meist nur angepflanzt oder bastardiert mit der folgenden Art:

Winter-Linde *Tilia cordata* MILL.
Fam. Lindengewächse (*Tiliaceae*)
Großer Baum bis etwa 25 m Höhe. Blätter breit-oval bis schief-herzförmig, auf den Blattnerven unterseits kurzhaarig, mit braunen Haarbüscheln in den Blattnervachseln. Blüten zu 2–3 an einem Blütenstand, duftend, gelblich. Wichtiger Waldbaum in Laub- und Laubmischwäldern. Häufig auch angepflanzt.

Von beiden Linden-Arten und ihrem gemeinsamem Bastard, der Holländischen Linde (*Tilia europaea*), werden vor allem im Mittsommer die Blüten gesammelt, die einen wohlschmeckenden, in der Volksmedizin sehr beliebten, schweißtreibenden Tee ergeben.

Lindenblüten-Tee
1 TL getrocknete (oder auch frische) Lindenblüten mit kochendem Wasser aufgießen, etwa 5–10 Min. ziehen lassen, abgießen und mit etwas Zucker oder Honig süßen. Möglichst warm trinken.

Dost-Apfel-Gelee kann nicht nur als Brotaufstrich, sondern auch zu Fleischgerichten verwendet werden. Aufnahme 22. Juli.

Aus den Nadeln der Gemeinen Waldkiefer (*Pinus sylvestris*) kann man einen erfrischenden Tee aufbrühen. Aufnahme 20. Juni.

Echter Dost *Origanum vulgare* L.
Fam. Lippenblütengewächse (*Lamiaceae*)
Mehrjährige Pflanze mit holzigem Wurzelstock und dünnen, liegenden oder aufrechten, reich verzweigten Stengeln, etwa 30–80 cm hoch. Alle Teile sehr aromatisch. Blätter gegenständig, gestielt, 1–4 cm lang, ganzrandig, eiförmig, am Grunde herzförmig oder verschmälert, anliegend behaart, graugrün. Blüten zweiseitig symmetrisch, in dichten, köpfchenförmigen Blütenständen, diese endständig zu doldig-rispigen Gesamtblütenständen gruppiert. Kelch glockig, 13nervig, kurzzähnig, innen behaart. Krone 5–8 mm lang, purpurn oder purpur-rosa. Kronröhre deutlich länger als der Kelch. Verbreitet an Dämmen, Böschungen, trockenen Gebüschsäumen oder Waldrändern, meist an sonnigwarmen Standorten. Blüten VII–X.
Dost oder seine mittelmeerische Variante – Oregano genannt – sind kräftige, aromatische Gewürzpflanzen und als solche die klassische Zutat zu Pizza, Nudelgerichten, Suppen und Saucen. Darüber hinaus wird die Pflanze in der Homöopathie als krampflösendes Mittel verwendet. Seit dem Altertum sind ihre heiltätigen Wirkungen und das würzige Aroma bekannt und werden in entsprechenden Empfehlungen beschrieben. Sehr eigenwillig, aber einen Versuch wert, ist beispielsweise folgendes Rezept:

Dost-Gelee
2 kg Äpfel
½ Liter Wasser
Zucker
⅛ Liter Weinessig
1 großer Bund Dost
Äpfel waschen und ungeschält in kleine Stücke schneiden. Wasser, Weinessig und Dost zugeben. So lange erhitzen, bis die Äpfel sehr weich geworden sind (etwa 45 Min.). Das Ganze durch einen Tuchbeutel abgießen. Dabei aber nicht oder nicht sehr fest drücken, da das Gelee sonst trübe wird. Den erhaltenen Saft abmessen und je Liter etwa 800 g Zucker zugeben. Flüssigkeit wieder erhitzen und so lange rühren, bis der Zucker gelöst ist. Einmal kurz aufkochen, eventuell noch einige weitere Dostblätter einrühren und in sterile Gläser füllen. Das Gelee kann als Brotaufstrich oder zu Fleischgerichten verwendet werden.

Gemeine Waldkiefer *Pinus sylvestris* L.
Fam. Kieferngewächse (*Pinaceae*)
Ansehnlicher Nadelbaum bis etwa 30 m Höhe mit anfangs kegeliger, später flacher bis kugeliger Krone. Rinde an älteren Bäumen graurosa mit kleinen flachen Platten und tiefrissigen Furchen. Nadelblätter zu 2 an einem Kurztrieb, bis etwa 8 cm lang, graugrün bis bläulich-grün, kurz zugespitzt, mit deutlichen Längsstreifen. Zapfen einzeln oder zu 2–3 auf kurzen Stielen, eiförmig spitz, 2–8 cm lang, dunkelbraun. Formenreiche Art mit weiter Verbreitung von Westeuropa bis Nordasien.

Kiefernnadel-Tee
Etwa 2 TL frisch gesammelte Nadeln kurz vor dem Aufbrühen etwas zerkleinern und zerquetschen. Nach dem Brühen etwa 5–10 Min. ziehen lassen, abgießen und mit Honig oder Zucker süßen. Keine Milch verwenden!

Wald-Erdbeeren (*Fragaria vesca*) sind die mühsame Suche wert. Aufnahme 2. August.

Wald-Erdbeere *Fragaria vesca* L.
Fam. Rosengewächse (*Rosaceae*)
Kleine, mehrjährige Pflanze mit dickem, verholztem Wurzelstock und langen Ausläufern, die an den Knoten wurzeln und dort neue Pflanzen entwickeln. Alle Blätter in grundständiger, aber nicht bodenanliegender Rosette, lang gestielt, 3zählig gefiedert, anliegend behaart. Einzelne Fiederblättchen bis 6,5 cm lang, verkehrt-eiförmig bis rautenförmig, scharf gezähnt, Zähne alle nach vorne weisend. Blütentragende Stengel aufrecht, bis etwa 25 cm hoch. Blüten 5zählig, bis 18 mm breit. Kelchblätter grün. Kronblätter breitoval, vorne wenig zugespitzt. Ziemlich häufige Pflanze an Waldwegen, auf Schlägen, an Böschungen und Säumen, meist an mäßig trockenen, sonnigen Standorten. Blüten IV–VI. Früchte (Sammelnußfrucht) V–VII.
Wald-Erdbeeren liefern nicht nur köstliche Früchte, die schon seit langem beliebt und bereits im Altertum kultiviert wurden, sondern sind auch noch wertvolle Heilpflanzen. Besonders die gerbstoffreichen Blätter werden zu verschiedenen medizinischen Zubereitungen verwendet. Die sehr schmackhaften Sammelnußfrüchte, botanisch unkorrekt als Beeren bezeichnet, galten im Mittelalter als Sinnbild der Verlockung, worüber die apokalyptischen Bilder von Hieronymus Bosch vielfach Auskunft geben.
In Mitteleuropa gibt es drei recht ähnlich aussehende und nur schwer unterscheidbare Wildformen der Erdbeere, von denen die Zimt-Erdbeere nach landläufiger Überzeugung die wohlschmeckendsten Früchte entwickelt. Die in Gärten und Plantagen gezogenen Erdbeeren stammen überwiegend von amerikanischen Erdbeer-Arten ab, die erst vor wenigen Jahrzehnten eingeführt wurden.

Neben der bekannten Erdbeer-Bowle, die mit Wald-Erdbeeren zugegebenermaßen am besten schmeckt, ist vielleicht folgendes Rezept eine gute Empfehlung:

Wald-Erdbeeren mit Sahne
Es ist zwar mühsam, eine genügende Menge der köstlichen Früchte zu finden, aber die Mühe lohnt sich. Erdbeeren kurz abwaschen, gründlich abtropfen, mit etwas Kirschwasser besprengen, mit Puderzucker überstäuben und einige Stunden stehen lassen. Anschließend nochmals umrühren und mit frisch geschlagener Sahne servieren.

Vogel-Kirsche, Süß-Kirsche *Prunus avium* L.
[= *Cerasus avium* (L.) MOENCH] Fam. Rosengewächse (*Rosaceae*)
Sommergrüner Baum bis etwa 30 m Höhe mit breiter, gewölbter Krone und oft dickem Stamm. Rinde rötlich-braun, glänzend, ringförmig ablösend, waagerechte Streifen mit vielen Lentizellen. Äste weit auseinanderstrebend. Junge Zweige glatt, rötlich. Blätter bis 15 cm lang und 7 cm breit, länglich-oval, an beiden Enden verschmälert, in eine lange, schmale Spitze ausgezogen, unregelmäßig gezähnt, oberseits matt, unbehaart, dunkelgrün, unterseits hellgrün und in den Achseln der größeren Blattnerven behaart. Blattstiel 2–5 cm lang, mit 2–3 auffälligen, meist roten Nektardrüsen kurz unterhalb des Spreitenansatzes. Blüten meist zu 2–6 auf 2–5 cm langen Stielen, kurz vor dem Laubaustrieb erscheinend. Kronblätter bis 15 mm lang, bauchig gewölbt, weiß, Steinfrucht kugelig, dunkel purpurrot, seltener auch gelblich. Verbreitet in edellaubholzreichen Wäldern, in krautreichen Hainbuchenwäldern, auf Schlägen und in Gebüschen. Blüten IV–V. Früchte ab VI.
Vogel-Kirschen, von verwilderten Süß-Kirschen nicht einfach zu unterscheiden, sind weit mehr als nur Vogelfutter. Darüber waren sich die Menschen schon in vorgeschichtlicher Zeit klar, denn in den Abfallhaufen, die Jäger und Sammler hinterlassen haben, finden sich regelmäßig auch Kirschkerne, die auf die frühe Verwendung dieses Wildobstes hinweisen. Von den zahlreichen Kulturformen, die

Vogel-Kirschen (*Prunus avium*) werden meist schon vor dem Ausreifen von den Vögeln geerntet. Aufnahme 10. Juli.

es heute gibt, geht der größte Teil auf die bodenständige, einheimische Vogel-Kirsche zurück.
Vogel-Kirschen werden nicht einfach zu sammeln sein, da sie in den schlanken und hochwüchsigen Bäumen kaum zu erreichen sind. Die folgenden Rezeptempfehlungen sind jedoch ohne weiteres auch auf Süß-Kirschen anwendbar, die man im Obstgarten gepflückt oder im Laden erworben hat.

Kirsch-Wein
4,5 Liter Wasser
1,5 kg Zucker
1,5 kg Kirschen
2 Zitronen
2 TL Hefe
Kirschen pflücken, von den Stielen trennen, aber nicht entsteinen, in ein großes Gefäß (Steintopf o. ä.) einfüllen. Wasser zum Kochen bringen und siedendheiß über die Früchte gießen. Nach dem Abkühlen die Früchte zerquetschen und 3 Tage stehen lassen. Anschließend über ein Tuch abgießen und die zurückbleibende Fruchtmasse gründlich ausquetschen. Zucker in möglichst wenig Wasser auflösen und in einen Gärballon einfüllen. Zitronen auspressen, Zitronenschale reiben, Hefe anstellen und mit dem Göransatz vermischen. Gärballon lose verschließen und 3 Tage stehen lassen. Dann Gäraufsatz einführen und etwa 3 Monate lang nachgären lassen. Anschließend noch etwas absetzen lassen, in saubere Flaschen umfüllen und einige Monate reifen lassen.

Kirsch-Brandy
Weithalsige, gut verschließbare Flasche (Saftflasche) zur Hälfte mit Kirschen füllen, 6 geschälte Mandeln und etwa 200 g Zucker zugeben und mit Brandy auffüllen. Nach dem Verschluß gründlich durchschütteln. 3 Monate stehen lassen, dabei häufiger umschütteln. Anschließend Flüssigkeit in saubere Flaschen umfüllen.

Stranddisteln (*Eryngium maritimum*) wurden in England früher zu verschiedenen Gerichten verarbeitet. Bekannt sind dort auch Süßspeisen aus den Wurzeln. Die Seltenheit der Art verbietet heute solche Zubereitungen! Aufnahme 20. September.

Stranddistel *Eryngium maritimum* L.
Fam. Doldenblütengewächse (*Apiaceae*)
Zweijährige, meist aber ausdauernde, stattliche Pflanze von distelartigem Aussehen. Stengel liegend oder aufrecht, bis etwa 70 cm hoch. Blätter lederig-derb, nierenförmig, steif, buchtig gelappt mit Stachelspitzen. Grundblätter gestielt, Stengelblätter sitzend und stengelumfassend. Hüllblätter der köpfchenförmigen Dolde verkehrt-eiförmig, 3lappig, randlich überdeckend. Alle Teile der Pflanze weißlich oder bläulich bereift. Hüllchenblätter sehr schmal, meist bläulich, länger als die nur etwa 8 mm langen, weißlichen bis bläulichen Blüten. Charakterpflanze der Weißdünen. Meist am luvseitigen Abhang der Dünen entlang der Atlantikküsten und der Ostsee. An vielen Stellen nahezu ausgerottet. Steht unter Naturschutz! Blüten VI–VIII.
In manchen Gegenden der Britischen Inseln, an denen diese Pflanze bis vor wenigen Jahrzehnten noch häufig war, wurden die gegrabenen Wurzeln zubereitet und als Gemüse gegessen. Unteressen ist die Stranddistel wegen des Urlauber- und Ferienbetriebs an ihren typischen Standorten auch in Großbritannien so weit zurückgegangen, daß sich jedes weitere Sammeln oder gar Ausgraben der Pflanze als äußerst bestandsgefährdende Maßnahme darstellt. Es besteht auch keine Notwendigkeit, sich mit Hilfe der leicht bitter schmeckenden Wurzeln dieser Pflanze zu ernähren.

Purpurtang *Palmaria palmata* (L.) GREV.
Fam. *Palmariaceae*
Ziemlich große Rotalge von recht variabler Form. Thallus flächig und blättrig, etwas lederig, ziemlich fest und biegsam, unregelmäßig fingerförmig oder gabelig geteilt, am Rande häufig mit zahlreichen blättrigen Fortsätzen. Alle Abschnitte rundlich oder nur undeutlich zugespitzt, ziemlich einheitlich dunkelpurpur- oder tief braunrot gefärbt. Pflanze ohne deutlichen Stielteil, unmittelbar der Unterlage mit einer kleinen, kreisrunden Haftscheibe aufsitzend. Ziemlich häufig auf Steinen oder anstehenden Felsen in der mittleren und unteren Gezeitenzone oder in Gezeitentümpeln, oft auch auf anderen Großalgen wachsend. Atlantische Küsten und Nordsee, fehlt jedoch auf Helgoland. Verwendet wird die gesamte Pflanze, die praktisch das ganze Jahr über gesammelt werden kann.
Purpurtang schmeckt recht angenehm und ist im Unterschied zu manchen anderen Algenarten auch leichter verdaulich. Die Pflanze verfärbt sich bei der Trocknung oder bei der Zubereitung meist schwärzlich, was jedoch kein Qualitätsverlust ist. Purpurtang ist sehr reich an Mineralstoffen und Vitaminen.

Purpurtang-Gemüse
Algen nach dem Sammeln in Süßwasser gründlich abspülen und in Wasser weichkochen. Anschließend abgießen, mit einem Stich Butter versetzen, kurz umschwenken, nach Geschmack mit Pfeffer und Salz würzen und heiß servieren.

Purpurtang (*Palmaria palmata*) ist an Felsküsten zwischen den Gezeitenmarken nicht selten. Aufnahme 15. Juli.

Gurken-Algen-Salat (4 Portionen)
80 g Purpurtang
1 Salatgurke, in Scheiben geschnitten
4 EL Weinessig
3 EL Sojasauce
1 TL Zucker
etwas Salz
Purpurtang gründlich abwaschen, kurz abtrocknen und in fingergroße Streifen schneiden, Salatgurke zufügen. Aus Weinessig, Sojasauce, Zucker und Salz eine Salatsauce herstellen und über den Salat gießen. Vor dem Servieren gut durchziehen lassen.
In dieser Form werden Meeresalgen häufig in japanischen Restaurants angeboten.

Purpurtang, amerikanisch (2 Portionen)
450 g gekochte Kartoffeln
2 EL Oliven-Öl
1 TL Senfsamen
2 Knoblauchzehen, zerdrückt
4 große Champignons, in Scheiben geschnitten
1 kleine Zwiebel, fein gehackt
25 g Purpurtang, getrocknet
etwas Cayenne-Pfeffer, Paprika, Salz
Kartoffeln würfeln und mit dem Senfsamen in heißem Öl bräunen, dann übrige Zutaten wie Knoblauch, Pilze, Zwiebel und etwas Pfeffer einrühren und etwa 10 Min. lang erhitzen. Nach Geschmack nachwürzen und heiß servieren.

Knorpeltang-Suppe ist ein sehr traditionelles und wohlschmeckendes Gericht. Aufnahme (in Irland) am 1. August.

Knorpeltang-Kaltschalen in verschiedener Zusammenstellung. Aufnahme 15. Juli.

Knorpeltang *Chondrus crispus* STACKH.
Fam. *Gigartinaceae*
Purpur- bis braunrote oder fast schwärzliche Rotalge. Thallus etwa 3–15 cm hoch, ziemlich fest und knorpelig, mehrfach gabelig verzweigt, auf der Fläche blättrig, an den Enden zuletzt kraus gewunden, insgesamt von rundlichem Umriß. Endabschnitte der Verzweigungen keilförmig, etwas zugespitzt, aber alle Verzweigungen in einer Ebene. Stielabschnitt rundlich, nicht rinnig eingefaltet (Unterscheidungsmerkmal zu ähnlichen Arten der Rotalgen-Gattung (*Gigartina*). Pflanze am Grunde mit einer kleinen, rundlichen Haftscheibe am Substrat festgewachsen. Auf Steinen und anstehenden Felsen in der Gezeitenküste recht häufig und weit verbreitet, auch in Gezeitentümpeln. An allen atlantischen Küsten, in der Nordsee und in der westlichen Ostsee häufig. Oft bestandsbildend in der Nähe der Niedrigwasserlinie. Kann während des gesamten Jahres gesammelt werden.
Diese häufige Rotalge wird auch unter dem Namen Irisch Moos geführt, obwohl darunter oft eine in der Parfümerie gebräuchliche Flechte verstanden wird, die mit der Rotalge nicht einmal entfernt verwandt ist. In Irland wird die Pflanze auch als Carragheen bezeichnet, und von diesem Namen ist ein heute weltweit üblicher Fachausdruck für die speziellen Kohlenhydrate dieser Rotalge, der Carragheenane, abgeleitet worden. Diese gelatineartige Substanz wird vielfach zum Eindicken von Suppen und Saucen und als Gelatineersatz zur Herstellung von Sülzen verwendet. Man sammelt den Knorpeltang am besten im Mai, verwendet ihn frisch oder trocknet ihn. Die getrocknete Alge kann so wie die frische verwendet werden. Knorpeltang ist sehr reich an Vitaminen und an Jod. Früher wurde die getrocknete Pflanze zusammen mit Thymian, Eibisch und *Ephedra* in Hustenmischungen oder anderen Zubereitungen gegen Bronchitis und Katarrhe der Atemwege verwendet.

Knorpeltang-Suppe (4 Portionen)
1 Tasse getrockneter, zerkleinerter Tang
3 Scheiben Speck, klein geschnitten
450 g Mohrrüben, gewürfelt
3 Sellerieknollen, gewürfelt
1 Liter Wasser
etwas Thymian, Pfeffer, Salz
Getrockneten Knorpeltang etwa ½ Stunde lang in Wasser vorweichen und alle harten, geschrumpft bleibenden Teile aussortieren. Übrige Teile nochmals zerkleinern und zusammen mit den übrigen Zutaten etwa 45 Min. lang garen. Anschließend im Mixer gründlich durchschlagen, Geschmack prüfen und, falls nötig, mit Pfeffer und Salz etwas nachwürzen.
Dieses Rezept ist eine der Grundformen zur Zubereitung oder Mitverwendung getrockneten Knorpeltangs, wie sie in der Bretagne oder in Irland heute noch üblich sind.

Knorpeltang-Kaltschale (4 Portionen)
10 g getrockneter Knorpeltang
½ Liter Milch
12 g Zucker
1 Ei
etwas geriebene Zitronenschale
Knorpeltang 15–30 Min. lang vorweichen. Einweichwasser verwerfen und Tangstücke zusammen mit etwas geriebener Zitronenschale vorsichtig in Milch erhitzen, kurz aufkochen lassen und so lange erhitzen, bis die Mischung angedickt ist. Eigelb und Zucker einrühren. Eischnee schlagen, zur warmen Mischung geben, gut umrühren und in kleine Schüsseln gießen. Nach dem Steifwerden (nach etwa 2–3 Stunden) stürzen und servieren.

Würzige Kräuterfüllung aus Thymian und Petersilie für Geflügel. Aufnahme 15. Juli.

Feld-Thymian, Sand-Thymian *Thymus serpyllum* L.
Fam. Lippenblütengewächse (*Lamiaceae*)
Mehrjährige, kleine Pflanze mit niederliegendem bis aufsteigendem, am Grunde manchmal etwas verholztem Stengel, etwa 10–30 cm lang, ringsum fast gleichmäßig behaart. Blätter unterseits nicht weißfilzig, linealisch bis schmal-elliptisch oder sehr schmal verkehrt-eiförmig, etwa 1–3 mm breit, an den Zweigen von oben nach unten nicht an Größe zunehmend oder nur wenig vergrößert, kahl oder beidseits abstehend bis anliegend behaart. Blüten zweiseitig symmetrisch, ziemlich klein, in dichten, endständigen, kopfig gedrängten Blütenständen. Kelch 2lippig, 3–4 mm lang. Krone 2lippig, rosa-purpurn. Außerordentlich formenreiche Sammelart, die regional in viele, bisher nur sehr undeutlich voneinander abgrenzbare Kleinarten zerfällt. Für die praktische Verwendung sind diese taxonomisch-systematischen Schwierigkeiten weniger von Belang. Zudem kann auch eine nah verwandte Art, *Thymus pulegioides,* mit gleichem Erfolg verwendet werden. Die meisten Thymian-Arten sind in Trocken- bis Halbtrockenrasen, in Fels- und Gesteinschuttfluren oder in lichten Kiefernbeständen auf Sandböden verbreitet. Blüten V–VIII.
Als Gewürzpflanzen werden die verschiedenen Thymian-Arten vor allem zusammen mit Fleischgerichten oder in

Thymian (*Thymus serpyllum*) gehört zu den wichtigsten Gewürzen der Kräuterküche und wird sowohl in Kräuterbutter wie im Bouquet garni verwendet. Aufnahme 15. Juli.

Kräuter-Omeletts verwendet. Bei der Herstellung von Wurstwaren ist Thymian eines der wichtigsten Gewürze. Pilzgerichte werden durch das würzige Thymian-Aroma ebenfalls erheblich verbessert. Schließlich ist Thymian Bestandteil vieler auf Kräuterbasis bereiteten Arzneien, besonders solcher gegen Beschwerden der Atemwege.
Gesammelt wird vom Thymian das blühende Kraut. Die Pflanze kann ohne wesentlichen Qualitätsverlust getrocknet und aufbewahrt werden.

Kräuter-Butter
50 g Butter
1 TL Schnittlauch, fein geschnitten
1 gehäuften TL Thymian, fein gehackt
1 TL Petersilie, fein gehackt
1 Knoblauchzehe, zerdrückt
Gewürze mit der Butter verkneten. Butter anschließend in Rollen von etwa 2,5 cm Durchmesser formen und in Folie verpacken und kühl stellen.

Kräuter-Füllung
1 kleine Zwiebel, fein gehackt
100 g Paniermehl
1 EL Schmalz
1 EL Petersilie, fein gehackt
1 EL Thymian, fein gehackt
2 Streifen Speck
1 Ei
1 Zitrone
Pfeffer, Salz
Zwiebel und Speck kurz anbräunen. Übrige Zutaten zerkleinern, etwas Zitronensaft und ein wenig geriebene Zitronenschale dazugeben, Ei schlagen und einrühren und etwas stehen lassen. Diese Mischung eignet sich vorzüglich als Geflügelfüllung. Sie wird zusammen mit dem Geflügel gegart und in Scheiben geschnitten serviert.

Wirbeldost (*Clinopodium vulgare*). Aufnahme 29. Juli.

Wirbeldost *Clinopodium vulgare* L.
Fam. Lippenblütengewächse (*Lamiaceae*)
Mehrjährige Pflanze mit aufrechtem, verzweigtem, kantigem Stengel, etwa 30–60 cm hoch, zottig behaart. Blätter gegenständig, stark behaart, länglich-oval, am Grunde herzförmig oder gestutzt, gekerbt, vorne abgerundet. Blüten in blattachselständigen Scheinquirlen, am Ende des Stengels gehäuft. Kronen purpurn. Kronröhre lang, gerade. Verbreitet bis zerstreut in wärmeliebenden Wäldern, an Gebüschen, Hecken und Säumen. Stellenweise auch ziemlich selten oder vereinzelt auftretend. Blüten VII–IX.
Die Würzkraft dieser Pflanze ist bei weitem nicht so stark wie beim Thymian. Das Aroma erinnert etwas an Basilikum. Man kann das Kraut trocknen und in Salaten verwenden.

Himbeeren (*Rubus idaeus*) werden gerne zu Wein verarbeitet. Aufnahme (nahe der Brücke von Alford in Schottland) am 15. August.

Himbeere *Rubus idaeus* L.
Fam. Rosengewächse (*Rosaceae*)
Niedriger, mehrjähriger Strauch mit meist aufrechten, leicht bogig überhängenden, locker verzweigten Stengeln, etwa 50–150 cm hoch. Stengel und Zweige meist zahlreich mit kurzen Stacheln besetzt. Blätter unpaarig gefiedert. Fiederblättchen bis 7 cm lang, Endfieder am größten, bis 12 cm lang, rundlich, mit schlanker Spitze, am Grunde herzförmig, unterseits dicht weißfilzig oder weißhaarig, am Rande gezähnt. Blüten bis 1 cm breit, zu mehreren in lockeren, endständigen Rispen, zum Teil auch achselständig. Kronblätter 5, weiß. Die Himbeere ist eine Sammelsteinfrucht. Ziemlich verbreitet auf Waldlichtungen, an Waldwegen und Säumen sowie auf Schlägen. Blüten VI–VIII, Früchte VII–IX.
Der wissenschaftliche Artname *„idaeus“* der Himbeere wurde bereits von Dioskurides eingeführt, weil die Pflanze auf den Höhen um den Berg Ida in Kleinasien besonders häufig war. Himbeeren sind seit dem Altertum beliebt. Von der auch heute noch überall vorkommenden Wild-Himbeere stammen zahlreiche Garten-Himbeeren ab, die züchterisch veredelt und natürlich besonders ertragreich sind. Aus den Blättern der Himbeere (wie auch aus denen der Brombeeere) kann man einen sehr angenehm schmeckenden Tee zubereiten.

Himbeer-Wein
150 g Himbeeren
1 kg Zucker
2 Orangen
4,5 Liter Wasser
Nährsalz-Tabletten
Hefe
Himbeeren gut auslesen, verschimmelte und unreife Stücke entfernen und mit 3 Liter kochendem Wasser übergießen. Früchte mit einem Holzlöffel zerstoßen. Etwa 2 Tage lang stehen lassen und anschließend durch ein Tuch abpressen. Orangensaft zugeben, restliches Wasser mit Zucker aufkochen und nach dem Abkühlen zurühren. Hefe anstellen und etwa 3 Tage lang gären lassen, dann umfüllen und Gärballon mit einem Gäraufsatz verschließen. Nachgärung abwarten, Geschmack prüfen, eventuell mit Zuckersirup nachsüßen und schließlich in heiß gespülte, sterile Flaschen abfüllen.

Himbeer-Weinessig
500 g Himbeeren
½ Liter Weinessig

Himbeeren (*Rubus idaeus*). Aufnahme 15. August.

Ein Tee aus den Blättern der aromatischen Schafgarbe (*Achillea millefolium*) schmeckt erstaunlich gut. Aufnahme 10. Oktober.

Zucker
Himbeeren mit einem Holzlöffel zerquetschen und Weinessig zugeben, gut verrühren. Zudecken und täglich gründlich umrühren. Höchstens eine Woche lang stehen lassen, durch ein Tuch abgießen, dann je Liter Flüssigkeit etwa 500 g Zucker zugeben und etwa 15 Min. bis kurz vor den Siedepunkt erhitzen. Nach dem Abkühlen auf Flaschen füllen. Vor Gebrauch mit Limonade im Verhältnis 1 : 5 verdünnen. Sehr erfrischend an heißen Sommertagen. Mit heißem Wasser verdünnt ein gutes Hausmittel gegen Erkältungen.

Gemeine Schafgarbe *Achillea millefolium* L.
Fam. Korbblütengewächse (*Asteraceae*)
Mehrjährige Pflanze mit aufrechtem, sehr zähem, unverzweigtem Stengel, etwa 10–60 cm hoch, wollig behaart, mit Ausläufern. Blätter wechselständig, 2- bis 3fach fiederschnittig mit linealischen Zipfeln, 3–15 cm lang, im Umriß lanzettlich, kurz gestielt bis sitzend. Blütenköpfe 4–7 mm breit, zahlreich in einem schirmrispigen Gesamtblütenstand. Hüllblätter in mehreren Reihen, steif, gekielt. Strahlenblüten weiß, weiblich. Scheibenblüten hellgelb, zwittrig. Häufig in Fettwiesen und -weiden, an Wegrändern, Ufern und Böschungen. Blüten V–XI.
Schafgarbe wurde in der Vergangenheit zu verschiedenen Zwecken verwendet. Der Sage nach heilte Achilles damit die Wunden seiner Krieger. In Skandinavien wurde die Pflanze als Hopfenersatz beim Bierbrauen genommen. In der Volksmedizin wird sie heute noch ähnlich wie die verwandte Kamille eingesetzt. Besonders empfehlenswert ist ein

Schafgarben-Tee
Je Tasse nimmt man 2–3 frische oder getrocknete Blätter der Schafgarbe, gießt mit kochendem Wasser auf, läßt etwa 4 Min. ziehen und süßt mit etwas Honig. Es ist kaum zu verstehen, warum dieser aromatische Kräutertee so wenig bekannt ist.

Queller (*Salicornia europaea*) ist in den Salzmarschen der Küsten sehr häufig und bestandsbildend. Aufnahme 10. August.

Queller gibt ein wohlschmeckendes Gemüse und kann auch für den Winter eingemacht werden. Aufnahme 10. August.

Gemeiner Queller *Salicornia europaea* L.
Fam. Gänsefußgewächse (*Chenopodiaceae*)
Einjährige Pflanze mit dickfleischigen, aber sehr brüchigen, aufsteigenden bis aufrechten, seltener auch liegenden Stengeln, etwa 10–30 cm hoch. Blätter sehr klein, schuppig, dickfleischig, gegenständig, grasgrün oder gelblichgrün, im Spätsommer auch rötlich oder kräftig rot. Blüten sehr klein und unscheinbar, in den Achseln der Blätter. Ohne Kelch und Krone. Bestäubung findet im fließenden Wasser statt. Ziemlich häufige, salzliebende Pflanze im Bereich des Schlickwatts der Meeresküsten, dort bestandsbildend als Erstbesiedler zwischen Lahnungen und im Außendeichland. Verlandungspionier. Blüten VII–VIII.
In manchen Küstengegenden wird der Queller auch Glaskraut genannt, weil die Pflanze in früheren Zeiten zur Sodagewinnung für die Glas- und Seifenherstellung geerntet wurde. Diese alte technische Verwendung ist heute durch andere Verfahren längst abgelöst worden. Queller ist aber auch eine interessante Bereicherung der Wildpflanzenküche. Die Pflanzen werden im Hochsommer bei Niedrigwasser gesammelt und vor Gebrauch gründlich gewaschen. Junge Exemplare kann man gleich roh verzehren; etwas ältere sollten zuvor gekocht werden.

Eingelegter Queller
Queller kann auch für den Winter eingelegt werden. Frisch gesammelte Pflanzen werden dazu gründlich gereinigt. Wurzeln abtrennen. Pflanzen mit wenig Wasser bedecken, 2 EL Weinessig zugeben, kräftig erhitzen und etwa 10 Min. lang kochen lassen. Abgießen, in Konservengläser füllen, mit altem Weinessig begießen und dicht verschließen. Diese Zubereitung ist für den sofortigen Gebrauch geeignet, kann aber auch längere Zeit aufbewahrt werden. Pflanzen nicht zu lange kochen, da sonst die hübsche grüne Färbung verloren geht.

Strand-Platterbse (*Lathyrus japonicus*) an ihrem typischen Standort in den Vor- und Weißdünen. Aufnahme 29. August.

Strand-Platterbse *Lathyrus japonicus* WILLD.
Fam. Schmetterlingsblütengewächse (*Fabaceae*)
Mehrjährige Pflanze mit liegenden oder aufsteigenden Stengeln, bis etwa 50 cm hoch, kantig, aber nicht geflügelt. Blätter mit 2–6 Paar Fiederblättchen, graugrün. Krone lilapurpurn bis bläulich, ziemlich groß. Zerstreut in den Weißdünen der Ost- und Nordsee. Blüten VI–VIII.
Die linsenähnlichen Samen dieser wildwachsenden Hülsenfrucht wurden früher in den Küstengegenden gesammelt und ähnlich verwendet wie Erbsen oder Linsen.

Lammkeule mit Minzen-Sauce. Aufnahme 1. August.

Rundblättrige Minze (*Mentha rotundifolia*). Aufnahme 20. August.

Wasser-Minze (*Mentha aquatica*). Aufnahme 15. August.

Polei-Minze (*Mentha pulegium*), eine besonders kleinblättrige, seltene Art. Aufnahme 26. August.

Acker-Minze (*Mentha arvensis*). Aufnahme 28. August.

Wasser-Minze *Mentha aquatica* L.
Fam. Lippenblütengewächse (*Lamiaceae*)
Mehrjährige, stark aromatische Wasserpflanze mit langen Ausläufern und meist aufrechten oder aufsteigenden Stengeln, 20–80 cm hoch. Blätter kreuzgegenständig, 3–9 cm lang, gestielt, oval bis eiförmig-lanzettlich, am Grunde etwas gestutzt, oft leicht rötlich überlaufen. Blüten zahlreich in 2–3 dichten Quirlen bis 2 cm Durchmesser. Kelchzähne alle gleich lang. Kelchröhre innen kahl. Krone blaßlila. Zerstreut bis verbreitet an Ufern, in Großseggenriedern sowie in Naß- und Moorwiesen. Blüten VII–X.

Acker-Minze *Mentha arvensis* L.
Fam. Lippenblütengewächse (*Lamiaceae*)
Mehrjährige Pflanze mit liegendem oder aufsteigendem, kantigem Stengel, etwa 15–45 cm hoch. Blätter kreuzgegenständig, rundlich-eiförmig, am Rande gekerbt oder schwach gesägt. Kelch glockig, kaum gefurcht. Häufig bis verbreitet auf feuchten, nährstoffreichen Äckern. Blüten VI–X.

Rundblättrige Minze *Mentha rotundifolia* (L.) HUDS.
Fam. Lippenblütengewächse (*Lamiaceae*)
Mehrjährige Pflanze mit aufsteigenden oder aufrechten Stengeln, etwa 30–50 cm hoch. Blätter rundlich-eiförmig, kerbig gesägt, oberseits runzlig. Kronen hellila, fast weiß. Alle Teile der Pflanze weichhaarig-zottig, Blätter zumindest auf der Unterseite filzig behaart. Zerstreut bis selten an feuchten Ruderalstellen, an Gräben und Ufern sowie in Feuchtweiden. Fast ausschließlich auf das Rheintal und seine großen Nebentäler beschränkt. Blüten VII–IX.

Polei-Minze *Mentha pulegium* L.
Fam. Lippenblütengewächse (*Lamiaceae*)
Kleine, mehrjährige Pflanze von kräftigem Aroma mit niederliegendem oder an den Enden aufsteigendem Stengel, etwa 10–40 cm lang. Blätter gegenständig, schmal-elliptisch. Blüten zu mehreren in achselständigen Quirlen, besonders im oberen Stengelabschnitt. Kelch 2–3 mm lang, 5zähnig. Krone 4–8 mm lang, lila. Zerstreut bis selten an Ufern und auf Weiden in den großen Stromtälern. Blüten VII–IX.

Minzen-Sauce
Minzen-Blätter
Zucker
Weinessig
Minzenblätter im Mixer pürieren, etwas Zucker zufügen und 30 Min. stehen lassen, 4 EL Weinessig zufügen, verrühren und servieren. Minzen-Sauce wird vor allem in angelsächsischen Ländern traditionell zu Lammgerichten gereicht.

Sommerlicher Fruchtpudding mit Blaubeeren. Aufnahme 25. August.

Heidelbeere, Blaubeere *Vaccinium myrtillus* L.
Fam. Heidekrautgewächse (*Ericaceae*)
Sommergrüner, kleiner Strauch von 20–60 cm Höhe mit kriechender Grundachse und meist aufrechten, sehr kantigen, hellgrünen Zweigen. Blätter wechselständig, kurz gestielt, 8–35 mm lang, oval, zugespitzt, fein gezähnt, hellgrün, mit deutlicher Netznervatur. Blüten zu 1–2, achselständig. Krone krugförmig, bis 6 mm breit, grünlich-rosa, vorne mit sehr kurzen, zurückgeschlagenen Zipfeln. Beere kugelig, 6–8 mm breit, schwarz, bläulich bereift. Verbreitet bis häufig in Nadelwäldern, in bodensauren Laubwäldern, auf Heiden und in Gebüschen. Blüten IV–VI, Früchte VII–IX.
Heidelbeeren sind in manchen Gebieten auf sauren Böden bestandsbildend. Man findet sie vom Flachland (etwa in den Dünenmooren) bis auf alpine Matten. Der Saft ihrer Beeren ist stets rötlichblau, im Unterschied etwa zur ähnlich aussehenden Rauschbeere, deren Saft immer farblos ist. Die beliebten Beerenfrüchte enthalten große Mengen Vitamin C und werden gebietsweise auch von gewerblichen Sammlern eingetragen. Mehrere tausend Tonnen beträgt die Jahresernte dieser Beeren allein in der Bundesrepublik Deutschland.
Heidelbeeren sind auch in der Medizin von großer Bedeutung. Die getrockneten oder frischen Beeren werden gegen vielerlei Beschwerden der Verdauungsorgane verwendet. Auf keinen Fall grüne Blätter in größerer Menge oder längere Zeit als Tee oder in anderen Zubereitungen zu sich nehmen, da sonst die Gefahr einer Arbutin-Vergiftung besteht! Dieser Wirkstoff ist in den reifen Beeren nicht enthalten!
Für die Verwendung der Heidelbeeren gibt es viele Möglichkeiten. Frisch gepflückt schmecken sie wahrscheinlich am besten. Man kann sie jedoch zum Kompott, für Kuchen oder zur Herstellung eines sehr schmackhaften Weines (nach Standardrezept) verwenden. Neuerdings werden verschiedene nordamerikanische Blaubeer-Arten (*Vaccinium corymbosum, Vaccinium angustifolium*) zunehmend auf den europäischen Märkten angeboten.

Blaubeer-Pudding (6 Portionen)
8–10 Scheiben Brot, dünn geschnitten
100–150 g Puderzucker
900 g Blaubeeren (oder Mischung aus Blau-, Brom- und Himbeeren)
2–3 EL Wasser
Brotkruste abtrennen und kreisförmig auf den Boden einer kleinen Schale legen. Zucker in Wasser auflösen, Früchte einfüllen und einige Minuten kräftig erhitzen. Etwas Saft abgießen. Früchte und restlichen Saft in die vorbereiteten Puddingschüsseln geben und restliches Brot auflegen. Kleinere Untertasse darüberlegen und über Nacht den überschüssigen Saft abpressen. Vor dem Servieren auf einen Teller stürzen, mit Fruchtsaft übergießen und mit Sahne garnieren.

Rauschbeere, Moorbeere *Vaccinium uliginosum* L.
Fam. Heidekrautgewächse (*Ericaceae*)
Kleiner Strauch mit aufsteigenden, bräunlichen, drehrunden Stengeln, etwa 30–80 cm hoch. Zweige anfangs behaart, später verkahlend. Blätter ganzrandig, verkehrt-eiförmig, stumpf, am Rand etwas zurückgeschlagen, bläulichgrün, unterseits etwas heller, stark netznervig. Krone krugförmig, mit 4–5 nach außen geschlagenen Kronzipfeln. Beeren schwarz, etwas fade im Geschmack, bläulich bereift. Verbreitet in Mooren und moorigen Wäldern, mitunter auch auf alpinen Matten. Blüten V–VIII, Früchte VI–IX.

Heidelbeertorte (Tarte aux Myrtilles) ist eine sehr bekannte französische Leckerei. Aufnahme 1. September.

Moltebeeren (*Rubus chamaemorus*) sind in Deutschland sehr selten, in den nordischen Ländern dagegen häufiger anzutreffen. Aufnahme 2. September.

Preiselbeeren (*Vaccinium vitis-idaea*). Aufnahme 20. Juli.

Preiselbeeren (*Vaccinium vitis-idaea*). Aufnahme 25. August.

Preiselbeere, Kronsbeere *Vaccinium vitis-idaea* L.
Fam. Heidekrautgewächs (*Ericaceae*)
Kleiner Strauch mit rundlichen, holzigen, braunen Zweigen, etwa 5–15 cm hoch. Blätter wintergrün, lederig, oberseits dunkelgrün glänzend, unterseits heller und deutlich drüsig punktiert, nicht netznervig. Blüten in kurzen, wenig-blütigen, nickenden Trauben. Krone glockig, weißlich bis rosa. Beeren bis 1 cm dick, scharlachrot, säuerlich. Verbreitet bis zerstreut in Nadelwäldern, bodensaueren Laubwäldern, Mooren und Heiden. Blüten V–VIII, Früchte VII–IX.

Gemeine Moosbeere *Oxycoccus palustris* PERS.
Fam. Heidekrautgewächse (*Ericaceae*)
Zwergstrauch mit langem, kriechendem Stamm und fädigen, sehr dünnen Ästen, etwa 15–80 cm lang. Blätter etwa 3–10 mm lang, eiförmig zugespitzt, am Rande eingerollt, unterseits hell–weißgrau, oberseits glänzend dunkelgrün. Krone weißlich oder hellpurpurn, sehr zierlich, tief 4teilig-radförmig mit umgeschlagenen Kronzipfeln. Früchte bis 15 mm dick, zu 1–3 auf langen Stielen. Nur in Hochmooren und Zwischenmooren zwischen oder auf Torfmoorpolstern. Blüten VI–VIII, Früchte VII–IX.
Da die Pflanze meist in Naturschutzgebieten vorkommt, sollte man die wenig schmackhaften Beerenfrüchte nicht sammeln!
Ähnlich ist die Krannbeere (*Oxycoccus macrocarpos*), die wild nur sehr selten vorkommt. Die im Sommer im Handel angebotenen Früchte stammen meist von amerikanischen Pflanzen. In Kanada ist diese Art relativ häufig.

Schwarze Krähenbeere *Empetrum nigrum* L.
Fam. Krähenbeerengewächse (*Empetraceae*)
Kleiner, zweihäusiger Strauch mit meist niederliegenden oder an den Enden aufsteigenden Stengeln und Ästen. Junge Triebe oft rötlich überlaufen. Blätter nadelförmig, etwa 4–6 mm lang, wechsel- oder annähernd quirlständig, sehr kurz gestielt, am Rand stark eingerollt, zugespitzt, hell- bis mittelgrün, unterseits mit weißlichem Kiel. Blüten rötlich, seltener purpurn, zu 1–3 in den Blattachseln, eingeschlechtig. Frucht eine schwarze, kugelige, glänzende Steinfrucht (keine Beere!) von geringem Eigengeschmack. In den Braundünen der Küsten ziemlich häufig. Sehr selten in den höheren Mittelgebirgen, verbreitet in den Alpen. Blüten IV–V, Früchte VI–VIII.

Moltebeere *Rubus chamaemorus* L.
Fam. Rosengewächse (*Rosaceae*)
Mehrjährige, kleine Pflanze von 5–20 cm Höhe mit aufrechtem, unverzweigtem oder wenig verzweigtem Stengel. Blätter einfach, herzförmig, 5lappig. Alle Teile glatt, ohne Stachel. Blüten einzeln, endständig, eingeschlechtig, weiß, bis 2 cm breit. Früchte hellrot bis orangegelb, aus nur wenigen Steinfrüchtchen bestehend (Sammelsteinfrucht). In Deutschland sehr selten in wenigen Torfmooren. In Skandinavien und nördlichem Großbritannien etwas häufiger.

Alle erwähnten Früchte sind genießbar und zum Teil sehr wohlschmeckend. Wenn genügend Früchte zur Verfügung stehen, kann man sie verschiedentlich verwenden, wobei man die einheimischen *Oxycoccus*-Arten und die Moltebeere jedoch grundsätzlich verschonen sollte!

Heidelbeertorte (Tarte aux Myrtilles)
Teig:
125 g Mehl
60 g Butter
30 g Zucker
1 Eigelb

Creme:
2 Eier
50 g Vanillinzucker
3 EL Mehl
25 g Butter
¼ Liter Milch
Aus den angegebenen Zutaten einen Teig bereiten, zu einer Kugel formen und ca. 30 Min. im Kühlschrank aufbewahren. Anschließend ausrollen, eine Springform damit auslegen und im vorgeheizten Backofen bei etwa 180 °C ca. 20 Min. ausbacken. In der Zwischenzeit die Creme bereiten.
Eier, Zucker und Mehl verrühren. Milch stark erhitzen und unter ständigem Rühren zugießen. Mischung kurz aufkochen, abkühlen und Butter einrühren.
Kuchen nach dem Abkühlen mit der Creme bestreichen, eine dicke Lage Blaubeeren auftragen und zuletzt eine Glasur darübergießen.

Der Frühherbst ist die richtige Zeit zum Brombeeren-Sammeln. Die Rezepte für die hier abgebildeten Verwendungsvorschläge finden Sie auf den folgenden Seiten. Aufnahme 5. September.

Brombeere *Rubus fruticosus* L.
Fam. Rosengewächse (*Rosaceae*)
Winterkahler, mitunter auch überwinternder Strauch von 20–200 cm Höhe mit kriechenden, niederliegenden oder aufrechten, meist auch bogig überhängenden Zweigen und Stengeln. Äste und Zweige deutlich gefurcht, mit grüner oder rötlicher, manchmal auch kräftig roter Rinde und derben, großen Stacheln. Blätter unpaarig gefiedert, meist aus 3–5 ungleich großen, handförmig zusammengesetzten Fiederblättern bestehend, unterseits behaart. Unterste Blättchen nicht sitzend, sondern deutlich, aber kurz gestielt. Blattrand scharf gezähnt, Zähne nach vorne weisend, vorne zugespitzt, am Grunde abgerundet oder undeutlich herzförmig, oberseits dunkelgrün, manchmal etwas runzlig, unterseits wenig heller, jedoch nicht weißfilzig. Blüten nur an zweijährigen Sprossen, weiß oder rosa, meist zu mehreren in einer endständigen Rispe. Fruchtknoten und Staubblätter sehr zahlreich. Sehr häufig und weit verbreitet in Wäldern, Hecken und an Zäunen, meist auf frischem, nährstoffreichem, aber kalkarmem, steinig-lehmigem Boden. Blüten V–VIII, Früchte VII–X.
Die Brombeeren bilden keine im botanischen Sinne exakt umschreibbare Art, sondern gelten wegen ihres beachtlichen Formenreichtums als eine der schwierigsten Sammelarten. Allein in Mitteleuropa werden von Spezialisten annähernd 1500 Kleinarten innerhalb des Aggregats *Rubus fruticosus* unterschieden. Der Grund für diese Formenmannigfaltigkeit liegt in der Tatsache begründet, daß die Blüten auch ohne Befruchtung keimfähige Samen ausbilden können. Sie spalten daher besonders gerne in verschiedene, genetisch sehr wohl definierte Linien auf, die nach äußeren Merkmalen praktisch kaum zu trennen sind. Diese komplizierten Verwandtschaftsverhältnisse innerhalb der Gattung *Rubus* sollten den Wildpflanzensammler jedoch nicht davon abhalten, die prächtig entwickelten Sammelsteinfrüchte (keine Beeren!) einzutragen und zu verwenden.

Brombeer-Wein
1,5 kg Brombeeren
1 kg Zucker
2,5 Liter Wasser
1 Zitrone
1 Orange
2 TL Bäckerhefe
Brombeeren nach gründlicher Auslese in ein großes Gefäß geben und mit kochendem Wasser überbrühen. Früchte zerquetschen. Etwa 3 Tage lang stehen lassen, jedoch täglich mehrfach umrühren. Anschließend durch Tuchlagen abgießen und Saft möglichst vollständig auspressen. Zucker in heißem Wasser auflösen, mit Brombeersaft mischen. Orangen- und Zitronenschale reiben und zufügen. Citrus-Saft zusammen mit der übrigen Flüssigkeit in einen Gärballon füllen und bis auf 4,5 Liter auffüllen. Hefe mit Zuckerlösung anstellen und Gärung einleiten. Gärgefäß anfangs mit einem Mullstopfen lose verschließen, anschließend Gäraufsatz einstecken. Etwa 3 Monate arbeiten lassen, dann in saubere, heiß ausgespülte Flaschen füllen und weitere 4–6 Monate stehen lassen. Im Rheinland wird ein nach ähnlichem Rezept hergestellter Brombeerwein unter dem Namen „Rebellenblut" verkauft.

Brombeer-Holunder-Wein
600 g Brombeeren
150 g Holunderbeeren
1 kg Zucker
1 Orange
1 Zitrone
4,5 Liter Wasser
Hefe

Kratzbeeren (*Rubus caesius*) sind Brombeeren recht ähnlich. Aufnahme 2. September.

Früchte am besten an einem trockenen, sonnigen Tag sammeln. Grüne oder schadhafte Teile entfernen. Nicht waschen! Früchte in ein großes Gefäß geben und mit etwa 2 Liter kochendheißem Wasser übergießen. Abkühlen lassen und Früchte zerkleinern. Etwa 3 Tage stehen lassen, dabei täglich umrühren. Über Tuchlagen abgießen und möglichst viel Fruchtsaft gewinnen. Zuckerlösung herstellen, Hefe auflösen, Citrus-Schalen reiben und Saft auspressen. Zutaten vermischen und Gärung einleiten. Anfangs lose verschließen, dann mit Gäraufsatz versehen und ca. 6 Monate arbeiten lassen. Dann in saubere Gefäße abfüllen und weitere 3–6 Monate reifen lassen.

Brombeer-Sirup
Brombeeren
Wasser
Zucker
Brombeeren gut waschen und abtropfen lassen. Dann in einem Topf mit wenig Wasser erhitzen. Früchte zerstoßen und ca. 45 Min. ziehen lassen. Anschließend über Tuch abgießen und Saft abpressen. Je Liter Saft ungefähr 1 kg Zucker zugeben. Solange rühren, bis alle Zuckerkristalle aufgelöst sind. Anschließend in kleinere Gefäße umfüllen und dicht verschließen.
Alternativ kann der Sirup auch eingefroren werden.
Man verwendet den Brombeer-Sirup als Beilage zu Vanille-Eis und anderen Süßspeisen.

Brombeer-Weinessig
1,5 kg Brombeeren
1,5 kg Zucker
2 Liter Wein- oder Apfelessig
Brombeeren gründlich auslesen und mit Essig übergießen. 3 Tage stehen lassen, dabei gelegentlich umrühren. Flüssigkeit abgießen, Zucker zugeben und 10 Min. kochen lassen. Anschließend auf Flaschen füllen.
Diese Zubereitung gibt eine sehr interessante, nicht gerade milde Sauce zu verschiedenen Gerichten.
Man kann den Brombeer-Essig auch verdünnen und heiß bei Halserkrankungen trinken.

Brombeer-Gelee
1,8 kg Brombeeren
½ Liter Wasser
Zucker
Saft von 2 Zitronen
Muskat, Zimt
Brombeeren gründlich waschen und abtropfen lassen. Etwa eine Handvoll unreifer oder halbreifer Früchte zugeben. Mit dem Wasser und dem Zitronensaft 1 Stunde lang erhitzen, bis die Früchte weich geworden und zerfallen sind. Anschließend über eine Tuchlage abgießen, aber nicht zu stark abpressen, da das Gelee sonst zu trüb werden könnte. Pro Liter Saft ca. 800 g Zucker verwenden. Saft erhitzen, Zucker einrühren und 10–15 Min. aufkochen lassen. Dann in heiß ausgespülte Gläser einfüllen und sofort verschließen. An einem kühlen, dunklen Ort aufbewahren.

Brombeer-Apfel-Marmelade
2 kg Brombeeren
½ Liter Wasser
750 g saure Äpfel
3 kg Zucker
etwas Butter
Brombeeren in einem großen Topf mit etwas Wasser weich kochen. Zerkleinerte, geschälte Äpfel ebenfalls mit wenig Wasser weich kochen und breiig rühren. Beide Mischungen zusammengießen, Zucker zugeben, kräftig durchrühren, einen Stich Butter zufügen und etwa 10 Min. aufkochen lassen. Mit kleinem Löffel Erstarrungsprobe durchführen. Schaum abschöpfen und in saubere, heiß ausgespülte Gläser füllen. Eventuell etwas Calvados aufträufeln, gut verschließen.

Brombeer-Tee
Brombeer- oder Himbeerblätter (möglichst junge Blätter) in kleinere Stücke zerkleinern und auf einem Backblech bei mäßiger Wärme (ca. 50 °C) einige Stunden lang trocknen lassen. Anschließend in luftdichte Behälter füllen. Etwa 1 TL Blätter je Tasse Tee verwenden. Brombeer-Tee ist ein sehr aromatisches, jedoch nicht anregendes Getränk.

Brombeer-Eis (4 Portionen)
450 g Brombeeren
100 g Zucker
1 große Tasse Wasser
1 Eiweiß
Aus Zucker und Wasser einen Sirup anrühren. Brombeeren im Mixer pürieren und mit dem Sirup mischen. Eiweiß schlagen und vorsichtig unter die Fruchtmischung heben. In Gefrierschalen einfüllen, anfrieren lassen, nochmals kräftig durchrühren und gründlich einfrieren lassen.

Brombeer-Apfel-Torte
300 g Mehl
125 g Butter
etwas Salz
500 g Brombeeren
2 große Äpfel
1 EL Zitronensaft
4 EL Zucker
Aus Mehl, Butter, Salz und etwas Wasser einen krumigen Teig anrühren. Etwa 45 Min. im Kühlschrank aufheben.
In der Zwischenzeit Äpfel schälen und zerkleinern, Brombeeren waschen und auslesen.
Teig ausrollen und eine Hälfte davon in eine Teigform legen. Brombeeren und Apfelstücke auflegen und Zucker über die Früchte streuen und mit Zitronensaft beträufeln. Früchte mit der anderen Teighälfte abdecken und im vorgeheizten Backofen bei etwa 180 °C 30–35 Min. backen, bis der Teig eine goldbraune Färbung angenommen hat.

Brombeeren können zu vielerlei Süßspeisen (Eis, Cremespeisen) verarbeitet werden. Aufnahme 10. September.

Kratzbeere *Rubus caesius* L.
Fam. Rosengewächse (*Rosaceae*)
Der Brombeere sehr ähnlicher, mehrjähriger Strauch mit stachelbewehrten Ästen und Zweigen. Blätter unpaarig gefiedert. Unterseits Fiederblättchen, jedoch nicht gestielt, sondern sitzend. Sammelsteinfrüchte meist nur aus wenigen Früchtchen bestehend und stark bläulich bereift. Im Geschmack und in der Verwendung den Brombeeren vergleichbar und an den gleichen Stellen verbreitet.

Mit Pfifferlingen lassen sich köstliche Gerichte herstellen. Aufnahme 10. August.

Pfifferling, Eierschwamm *Cantharellus cibarius* FR.
Fam. Leistenpilze (*Cantharellaceae*)
Hut 3–10 cm breit, anfangs flach mit unregelmäßig eingeschlagenem Rand, später in der Mitte trichterförmig eingetieft und vielfach gewellt und gelappt, blasser oder kräftiger dottergelb, im Alter etwas ausbleichend. Stiel 30–80 × 5–15 mm groß, kompakt, nicht hohl, hutfarben oder etwas heller, zur Basis hin verschmälert. Fleisch im Hut und Stiel gelblich. Geschmack anfangs mild, dann ein wenig pfefferartig. Geruch schwach, aber angenehm. Lamellen schmal, aderartig untereinander verbunden, vielfach gabelig geteilt und als Leisten am Stiel weit herablaufend, jedoch nicht über die Stielmitte hinaus. Sporenpulver blaßgelb. Sporen elliptisch. Meist gesellig in verschiedenen Wäldern, besonders gern in feuchten Fichten- oder Kieferngehölzen, dort vor allem in den Moosbeständen. Wird fast nie von Insektenmaden befallen. Fruchtkörper VI–IX.
Gut kenntlicher und bekannter, sehr schmackhafter Speisepilz.
Pfifferlinge gehören zu den bekanntesten und beliebtesten Speisepilzen Mitteleuropas und Skandinaviens. Sie werden jährlich in großen Mengen gesammelt und in den großen Städten auf dem Markt angeboten. Man kann Pfifferlinge als Beilage zu Kartoffeln verwenden, zu verschiedenen Fleischgerichten oder als Omelette-Füllung. Pfifferlinge können auch ohne wesentliche Qualitätseinbuße getrocknet und längere Zeit aufbewahrt werden.

Pfifferlinge nach Art der Försterin (4 Portionen)
500 g Pfifferlinge
100 g Butter
100 g durchwachsenen Speck, gewürfelt
150 g gekochte Kartoffeln
Petersilie, fein gehackt
Salz, Pfeffer
Pilze gründlich säubern und eventuell kleiner schneiden. In Butter etwa 5 Min. stark erhitzen und Flüssigkeit verwerfen. Speck in etwas Butter bräunen, Pilze zufügen und etwa 20 Min. erhitzen. Kartoffeln in Scheiben schneiden, unter die Pilze heben und bei kleiner Flamme erhitzen. Nach Geschmack würzen und vor dem Servieren mit Petersilie bestreuen.

Pfifferlinge au Gratin (2–4 Portionen)
225 g Pfifferlinge
450 g kleine Kartoffeln
etwas Butter
1 Knoblauchzehe, fein gehackt
⅛ Liter Sahne
4 EL Wasser
3 EL geriebener Parmesankäse
Salz, Pfeffer
Kartoffeln schälen und in feine Scheiben schneiden, Pilze putzen und eventuell zerkleinern. Eine Lage Kartoffeln in eine ausgebutterte Auflaufform geben, Pilze darüberlegen, etwas würzen und mit den restlichen Kartoffeln bedecken. Sahne mit etwas Wasser verdünnen und über die Kartoffel-Pilz-Mischung gießen. Käse darüberstreuen und das Ganze bei etwa 180 °C im Backofen garen, bis die Oberfläche sich goldbraun verfärbt hat (ca. 1–1½ Stunden).

Pfifferling-Omelette (2 Portionen)
200 g Pfifferlinge
2 kleine Zwiebeln, fein gehackt
Butter
4 Eier
Salz, Pfeffer
Pfifferlinge säubern und eventuell etwas zerkleinern. Zwiebeln und Pilze in Butter andünsten, würzen. In der Zwischenzeit Eier schaumig schlagen und in zwei Pfannen mit Butter verteilen. Nach dem Stocken der Eimasse Pilze und Zwiebeln darüber verteilen und nochmals kurz erhitzen. Vor dem Servieren mit Petersilie garnieren.

Kaiserlinge (*Amanita caesarea*). Aufnahme 20. August.

Pfifferling-Schnaps
Pfifferlinge, getrocknet
1 Flasche Korn oder Wacholderschnaps
Pfifferlinge noch etwas zerkleinern und in eine Flasche füllen. Korn oder Wacholder auffüllen und etwa 2–3 Tage stehen lassen. Wenn die Flüssigkeit eine goldbraune Färbung und das feine Aroma der Pfifferlinge angenommen hat, abgießen und sehr kalt (wie Aquavit) servieren.

Kaiserling *Amanita caesarea* (SCOP. EX FR.) QUEL.
Fam. Wulstlinge (*Amanitaceae*)
Hut 6–18 cm breit, anfangs kegelig, später flacher gewölbt, rotorange bis gelblich, glatt und etwas klebrig, am Rande fein gestreift. Stiel 50–120 × 15–25 mm, gelb, mit großem, umgeschlagenem, oft gestreiftem Ring. Stielknolle in einer auffallend großen Scheide. Fleisch weißlich, unterhalb der Huthaut gelb. Geschmack angenehm. Lamellen frei, dicht, gelb. Sporenpulver weiß bis gelblich. Bevorzugt in Eichenbeständen oder offenen Laubwäldern in sehr warmen Lagen. Hochgeschätzter Speisepilz. Fruchtkörper VI–IX. In Deutschland äußerst selten, im Mittelmeergebiet häufiger. Könnte von Unkundigen mit dem giftigen Fliegenpilz verwechselt werden. Dieser hat im Unterschied zum Kaiserling jedoch weiße Lamellen. Der junge Hut besitzt weiße Schuppen, die Knolle warzige Gürtel.

Echtes Labkraut (*Galium verum*). Aufnahme 5. August.

Echtes Mädesüß (*Filipendula ulmaria*). Aufnahme 1. August.

Klatsch-Mohn (*Papaver rhoeas*), Samenkapseln. Aufnahme 6. September.

Echtes Labkraut *Galium verum* L.
Fam. Rötegewächse (*Rubiaceae*)
Mehrjährige Pflanze mit schlankem, kriechendem Wurzelstock und ausgebreiteten bis aufrechten Stengeln, etwa 10–80 cm lang, kantig. Blätter zu 8–18 in Quirlen, je 5–30 mm lang, linealisch, einnervig, dunkelgrün, mit eingerolltem Rand. Blüten radiär, angenehm duftend, 2–4 mm breit, zitronengelb, zahlreich in dichten, zusammengesetzten Rispen. Verbreitete, stellenweise auch recht häufige Pflanze auf trockenem Boden, in Sandtrockenrasen und an Trockengebüschsäumen oder Felsfluren. Blüten VII–IX.
Früher wurde die Pflanze gelegentlich zum Färben von Lebensmitteln oder zur Bereitung von Getränken verwendet.

Echtes Mädesüß *Filipendula ulmaria* (L.) MAXIM.
Fam. Rosengewächse (*Rosaceae*)
Mehrjährige Pflanze mit aufrechten, ziemlich starren, meist erst im oberen Drittel stärker verzweigten Stengeln, etwa 15–150 cm hoch. Grundblätter bis 50 cm lang, auf langen Stielen, unpaarig gefiedert, 2–5 Paar Fiederblättchen bis 8 cm Länge, oval, doppelt gesägt, unterseits flaumig behaart. Endfieder sehr groß und 3–5spaltig gelappt. Stengelblätter kleiner, mit weniger Fiederpaaren. Blüten klein, sehr zahlreich in dichten, zusammengesetzten Blütenständen. Kelchblätter 5, zurückgeschlagen. Kronblätter 5, gelblichweiß, stark duftend. Ziemlich häufig bis verbreitet in Naßwiesen oder Gräben, in Hochstaudenfluren und Auenbeständen. Blüten VI–X.
Die stark duftenden Blüten dieser Pflanze können dazu verwendet werden, Getränke oder Süßspeisen zu aromatisieren. Es genügt, einen Blütenstand in Mull einzubinden und bei der Zubereitung in das Gefäß zu hängen.

Heidekraut (*Calluna vulgaris*). Aufnahme (in einem schottischen Moorgebiet) am 10. August.

Grau-Heide (*Erica cinerea*) ist in Mitteleuropa sehr selten, in atlantischen Heiden dagegen häufiger. Aufnahme 6. August.

Heidekraut, Besenheide *Calluna vulgaris* (L.) HULL.
Fam. Heidekrautgewächse (*Ericaceae*)
Kleiner, immergrüner Strauch von 20–70 cm Höhe mit reich verzweigten, liegenden oder aufsteigenden, häufig wurzelnden Ästen und Zweigen. Blätter gegenständig, ziemlich klein, um 2 mm lang, linealisch, ungestielt, am Rand etwas eingerollt, an Kurztrieben in 4 Längszeilen angeordnet, etwas dachziegelig überlappend. Blüten einzeln, sehr kurz gestielt, achselständig, mit kelchartiger Hülle. Kelch tief 4lappig, hellpurpurn, etwa 4 mm lang. Krone wesentlich kleiner, glockig, von gleicher Färbung. Verbreitet in Heiden und Mooren, Magerrasen und sauren Nadelforsten, auch in Gebüschen und Feuchtwiesen. Blüten VII–IX.
Heidekraut ist in ländlichen Gegenden auch heute noch in erster Linie eine technische Nutzpflanze, da man aus den starren, dicht verästelten Zweigen Besen und andere Kehrgeräte zusammenbinden kann. Darüber hinaus gilt die Pflanze in der Medizin als stoffwechselförderndes Mittel und wird entsprechend in Tees und anderen Zubereitungen verwendet. Die Pikten und Kelten sollen aus Heidekrautblüten ein berauschendes, bier- oder weinähnliches Getränk hergestellt haben, dessen genaue Rezeptur jedoch nicht bekannt ist.
Möglicherweise wurde dazu auch die ebenfalls zur Familie der Heidekrautgewächse gehörende Glockenheide (*Erica tetralix*) verwendet, die in Mitteleuropa nur bis an den Mittelgebirgsrand vorkommt und im wesentlichen in den nördlich bzw. nordwestlich davon gelegenen Gebieten zuhause ist.
Eine wirklich gute Empfehlung ist jedoch ein Moortee aus den Blüten der Besenheide (etwa 1–2 TL pro Tasse), den man mit Heidehonig nach Geschmack nachsüßt.

Klatsch-Mohn *Papaver rhoeas* L.
Fam. Mohngewächse (*Papaveraceae*)
Einjährige Pflanze mit aufrechtem oder aufsteigendem, zum Teil auch stärker verzweigtem Stengel, etwa 20–60 cm hoch, meist steifhaarig, seltener völlig kahl. Blätter 1–2fach fiederteilig, die unteren deutlich gestielt, die oberen sitzend. Alle Fiederabschnitte enden in einer feinen Haarborste. Blüten einzeln, endständig auf langen Stielen, in der Knospe nickend, später aufgerichtet, 5–10 cm breit. Kelchblätter 2, frühzeitig abfallend, steifhaarig, grün. Kronblätter 4, scharlachrot, am Grunde mit schwarzen Saftmalen, ziemlich kurzlebig. Staubblätter zahlreich, mit schwarzblauen Antheren. Kapselfrucht. Häufig und weit verbreitet auf nährstoffreichen, lehmigen Böden, an Ackerrändern, Wegrainen, Ruderal- und Schuttstellen. Oft in artenreichen Unkrautfluren. Blüten VI–VIII.
Der Klatsch-Mohn und seine näheren Verwandten stammen eigentlich aus dem Mittelmeergebiet, kamen jedoch schon in der Frühzeit des Getreideanbaus als Unkraut nach Mitteleuropa. Saatgutreinigung, Unkrautvertilgungsmittel und Bodenbearbeitung machen der Pflanze das Leben auf den Äckern schwer, weshalb man sie vor allem an den Randbereichen findet – wenn überhaupt. Die schwarzen Samen, die man ab September aus den Kapseln herausschütteln kann, sind sehr ölhaltig. Die wenigen darin enthaltenen Alkaloide werden beim Erhitzen, z.B. beim Backen oder Kochen, weitgehend zerstört. Roh sollten diese Samen auf keinen Fall gegessen werden!
Man kann die Samen in Kuchen, auf Gebäck und Brötchen verwenden. Allerdings wird es schwierig sein, die erforderliche Menge selbst zu sammeln.

Schopftintlinge (*Coprinus comatus*). Aufnahme 10. September.

Schopftintling *Coprinus comatus* (MÜLL. EX FR.) S.F. GRAY Fam. Tintenpilze (*Coprinaceae*)
Hut 5–15 cm hoch, anfangs zylindrisch oder paukenschlegelähnlich, später glockig, weiß mit leicht bräunlicher Spitze, zum Rand hin rosa bis schwach ockerfarben, anfangs mit seidiger Huthaut, später mit großen, weichen, abstehenden Schuppen. Lamellen weiß, dann rosa bis weinrot, zuletzt in eine tintenschwarze Flüssigkeit zerfließend. Stiel 100–370 × 10–25 mm, am Grunde etwas verdickt, weiß. Mit Ring, dieser locker und oft zur Stielbasis verrutscht. Fruchtfleisch anfangs weiß, später tintenschwarz. Meist gesellig auf Komposthaufen, in gedüngtem Rasen, an Wegrändern oder in der Laubstreu, meist in offenem Gelände außerhalb von Wäldern oder Gebüschen. Junge Exemplare eßbar. Zusammen mit Alkohol genossen schwach giftig bzw. unbekömmlich! Fruchtkörper VI–X.
Für Tintlingsgerichte sollte man nur junge Exemplare verwenden, deren Hüte noch geschlossen sind. Die Pilze verderben sehr schnell, müssen daher sofort verwertet werden.

Schopftintling-Suppe (4 Portionen)
250 g Schopftintlingshüte
½ Liter Brühe
Sahne
Butter
Petersilie, fein gehackt
Salz, Pfeffer
Pilzhüte säubern und 4–5 Min. in Butter dünsten, dann im Mixer pürieren. Brühe erhitzen und Pilzpüree zufügen, 15 Min. erhitzen. Nach Geschmack würzen und mit Sahne verfeinern. Vor dem Servieren mit Petersilie bestreuen.

Schopftintlinge mit Ei (2–4 Portionen)
6 Pilzhüte
4 Eier
Butter
1 Knoblauchzehe, fein gehackt
Pfeffer, Salz
Pilzhüte gründlich reinigen und in Scheiben schneiden. In Butter andünsten (etwa 2 Min.). Eier schlagen und in Auflaufförmchen verteilen, halbgare Pilze zugeben und im vorgeheizten Backofen bei 200 °C backen. Die Pilze schrumpfen bei dieser Art der Zubereitung sehr zusammen und dienen praktisch nur als geschmackliche Verbesserung der überbackenen Eier.

Täublinge (*Russulaceae*) sind eine sehr artenreiche, zum Teil nicht einfach zu bestimmende Gruppe von Hutpilzen. Manche von ihnen sind aufgrund ihres brennend-scharfen oder bitteren Geschmacks ungenießbar, und oft macht ein einziges Exemplar ein Pilzgericht aus Täublingen schon ungenießbar. Stark giftige Arten kommen in Mitteleuropa nicht vor. Beim Sammeln sollte man sich durch eine kleine Geruchs- oder Geschmacksprobe von diesen ungenießbaren Täublingen überzeugen und sie sogleich wegwerfen.
Von den eßbaren Täublings-Arten stellen wir hier nur einige vor:

Frauentäubling *Russula cyanoxantha* (SCHAEFF. EX SECR.) FR. Fam. Täublinge (*Russulaceae*)
Hut 5–15 cm breit, anfangs kugelig, später abgeflacht, gemischtfarbig dunkellila bis schieferfarben oder oliv-grünlich.

Glänzender Täubling (*Russula nitida*). Aufnahme 16. August.

Stiel 50–100 × 15–30 mm, weiß oder purpurn. Fleisch weiß, von mildem Geschmack. Lamellen weißlich bis cremefarben. Häufig bis verbreitet in Laubwäldern unter Eichen oder Buchen. Fruchtkörper VI–X. Sehr oft von Insektenmaden und Schnecken heimgesucht. Wahrscheinlich die wohlschmeckendste einheimische Täublings-Art.

Glänzender Täubling *Russula nitida*
(PERS. EX FR.) FR. Fam. Täublinge (*Russulaceae*)
Hut 2–6 cm breit, anfangs gewölbt, später flach oder eingedellt. Färbung wechselnd von Purpurrot, Graurosa bis Lederfarben oder Grünlich, dünnfleischig, brüchig. Stiel 20–90 × 5–20 mm, weiß oder rosa. Fleisch weiß. Geschmack mild oder ganz leicht scharf. Geruch nach Honig. Lamellen strohfarben. An feuchten Standorten, besonders unter Birken verbreitet bis häufig. Fruchtkörper VIII–X.

Täublinge auf Toast
Täublinge
2 kleine Zwiebeln, fein gehackt
1 Knoblauchzehe, fein gehackt
Butter
Toastbrot-Scheiben
Pilze säubern und klein schneiden. Zwiebeln und Knoblauch in Butter andünsten, Pilze zugeben und ca. 5 Min. stark erhitzen, gelegentlich umrühren. Würzen und auf Toastbrot-Scheiben servieren. Vorher mit feingehackter Petersilie garnieren.
Täublinge brechen nicht auf, werden aber angenehm weich wie käufliche Champignons.

Frauentäubling (*Russula cyanoxantha*). Aufnahme 20. September.

Gänsefuß-Gemüsesuppe, die u. a. mit Spieß-Melde (*Atriplex hastata*) zubereitet wurde. Aufnahme 16. Juni.

Guter Heinrich *Chenopodium bonus-henricus* L.
Fam. Gänsefußgewächse (*Chenopodiaceae*)
Mehrjährige Pflanze von etwa 30–60 cm Höhe mit aufrechtem Stengel und rübenartig verdicktem Wurzelstock. Blätter ziemlich groß, etwa 5–11 cm lang, dreieckig bis spießförmig, fast ganzrandig, lang gestielt, spitz oder stumpf, anfangs mehlig, später dunkelgrün. Blüten sehr zahlreich in verlängerten, pyramidenförmigen Blütenständen, ohne Tragblätter. Blütenhüllblätter 4–5, nicht gekielt, gelblichgrün. Narben 2–3, sehr lang aus der Blütenhülle herausragend. Samen rötlich-braun, mit rauher Oberfläche. Zerstreut bis verbreitet an frischen, nährstoff- und stickstoffreichen Ruderalstellen in Dorfnähe, an Wegen, Straßen und Plätzen oder in aufgelassenen Bauerngärten. Blüten IV–VI.
Der Gute Heinrich oder Dorf-Gänsefuß ist Kulturfolger und zeigt immer die Nähe menschlicher Siedlungen an. Seit der Frühzeit der Landwirtschaft wird der Gänsefuß gerne als Gemüse verwendet. Der aus der gleichen Pflanzenfamilie stammende Spinat hat die kulinarische Verwendung des Gänsefußes jedoch gebrochen, nachdem er im 15. Jahrhundert durch die Araber eingeführt wurde und bald überall verbreitet war. Die Gute Heinrich-Flur, eine charakteristische Unkrautflur ländlicher Siedlungen und Höfe, ist heute leider stark im Rückgang begriffen, da den Pflanzen entsprechende Standorte fehlen. Andererseits kann diese Art sehr gut in Gärten kultiviert werden. Schon im zeitigen Frühjahr geben die sprossenden Triebe ein sehr vitaminreiches und schmackhaftes Gemüse. Der Gute Heinrich ist zu Unrecht etwas aus der Mode gekommen und vom Treibhaus-Spinat verdrängt worden.

Weißer Gänsefuß *Chenopodium album* L.
Fam. Gänsefußgewächse (*Chenopodiaceae*)
Einjährige Pflanze von 40–100 cm Höhe mit aufrechtem Stengel und kurzen, rötlichen bis grauweiß-mehligen Seitenzweigen. Blätter lang gestielt, länglich bis rautenförmig, spitz etwas gelappt oder entfernt gezähnt. Blüten sehr klein und unscheinbar, meist zahlreich in ährigen Blütenständen, deren Achsen und Stiele meist mehlig-weißlich. Blütenhülle 5teilig, hellgrün bis gelblich. Hüllblätter alle gekielt. Häufig in Unkrautfluren auf Äckern, in Gärten, an Wegen und Schuttstellen. Blüten VII–X.
Von dieser Pflanze werden die jungen Blätter und frischen Triebe gesammelt und verwendet. Sie sind wahrscheinlich der beste Spinatersatz unter allen einheimischen Wildpflanzen.

Roter Gänsefuß *Chenopodium rubrum* L.
Fam. Gänsefußgewächse (*Chenopodiaceae*)
Einjährige Pflanze von 10–80 cm Höhe mit aufrechtem, gefurchtem, aber nicht kantigem Stengel. Blätter wechselständig, meist buchtig gezähnt bis gelappt, von dreieckigem Umriß. Blüten zahlreich in endständigen, ährigen Blütenständen. Ziemlich zerstreut an frischen bis feuchten, meist stickstoffreichen Ruderalstandorten. Blüten VII–IX.

Spieß-Melde *Atriplex hastata* L.
Fam. Gänsefußgewächse (*Chenopodiaceae*)
Einjährige Pflanze mit aufsteigendem bis aufrechtem Stengel, etwa 20–80 cm hoch, tiefwurzelnd, meist reich ver-

Weißer Gänsefuß (*Chenopodium album*), ein in Gärten weit verbreitetes Unkraut. Aufnahme 15. Juni.

Roter Gänsefuß (*Chenopodium rubrum*). Aufnahme 18. Juni.

zweigt, kahl oder mehlig bestäubt. Blätter dreieckig-spießförmig, am Grunde breitkeilförmig und allmählich in den Blattstiel verschmälert. Blüten ähnlich wie bei den Gänsefuß- Arten, sehr klein und unscheinbar, aber eingeschlechtig. Männliche Blüten mit 3–5 Hüllblättern, weibliche Blüten von 2 Vorblättern umschlossen, diese am Grunde miteinander verwachsen. Verbreitet bis häufig an stickstoff- und nährstoffreichen Stellen, vor allem in den Spülsäumen und Strandwällen entlang der Meeresküsten, im Binnenland wesentlich seltener. Blüten VII–IX.

Spreizende Melde *Atriplex patula* L.
Fam. Gänsefußgewächse (*Chenopodiaceae*)
Einjährige Pflanze mit liegenden oder weit abstehenden, stärker verzweigten Stengeln, etwa 30–80 cm lang. Blätter am Grunde schmalkeilförmig, länglich-elliptisch. Blüten klein und unscheinbar, mit grünlicher bis gelbgrüner Blütenhülle in vielblütigen Ähren, diese end- oder achselständig. Ziemlich häufig in nährstoffreichen Gärten, auf Äckern und an frischen Ruderalstandorten. Blüten VII–X.
Alle nicht genießbaren Melden-Arten unterscheiden sich von den genießbaren Arten u. a. durch einen sehr aufdringlichen, unangenehmen Geruch oder Geschmack.

Gänsefuß-Suppe (4–6 Portionen)
4 große Kartoffeln
2 große Zwiebeln, fein gehackt
ein großer Bund Gänsefuß oder Melde
1 Liter Brühe
4 Knoblauchzehen, fein gehackt
etwas Sauerampfer
3 EL Oliven-Öl
Salz, Pfeffer
Kartoffeln schälen, würfeln und weich kochen. Zwiebeln und Knoblauch in Öl andünsten, Kartoffeln zufügen und mit Brühe auffüllen. Wildgemüse gut waschen, Blätter etwas zerkleinern und der Suppe beigeben. Etwa 20 Min. erhitzen, würzen und heiß servieren.
Zur Verfeinerung geröstete Brotwürfel zufügen.

Gemeiner Beifuß *Artemisia vulgaris* L.
Fam. Korbblütengewächse (*Asteraceae*)
Mehrjährige Pflanze mit starkem Aroma. Stengel aufrecht, meist kahl, dunkel rötlichbraun, etwa 50–100 cm hoch. Halbstrauch mit verholztem Grund. Blätter oberseits fast kahl, unterseits dicht anliegend filzig behaart. Untere Blätter leierförmig gefiedert und geöhrt, obere Blätter sitzend und stengelumfassend, 2–3fach gefiedert. Blütenköpfe in reich verzweigten, rispigen Gesamtblütenständen. Ziemlich häufige Pflanze in verschiedenen Unkraut- und Ruderalfluren, an Schuttstellen, Wegrändern, Böschungen, Dämmen und Säumen. Fast immer in Siedlungsnähe. Blüten VII–IX.
Die aromatische Pflanze wird schon seit Jahrhunderten als Gewürz verwendet. Im Mittelalter galt sie zudem als Zauberpflanze und als Schutzpflanze für Reisende, die dadurch vor Sonnenbrand, wilden Tieren, bösen Geistern und vorzeitiger Ermüdung bewahrt werden sollten. Als Heilpflanze ist diese Art nur noch in der Homöopathie gebräuchlich.

Edelreizker (*Lactarius deliciosus*) mit Bohnen. Aufnahme 20. August.

Krause Glucke (*Sparassis crispa*) am Fuß einer großen Kiefer. Aufnahme 16. September.

Echter Reizker, Edelreizker *Lactarius deliciosus* (L. EX FR.) S.F. GRAY Fam. Sprödblättler (*Russulaceae*)
Hut 3–10 cm breit, anfangs flach gewölbt, später flachtrichterförmig oder etwas eingedellt, mit zahlreichen kleinen purpur- bis ziegelroten oder lachsfarbenen Flecken, die zu konzentrischen Ringen und Banden geordnet sind. Hintergrundfärbung heller, blaß fleischfarben oder rosa-lederbraun, leicht klebrig, fest, aber brüchig, am Rand anfangs stärker eingerollt. Stiel 30–60 × 15–20 mm, blaß cremefarben mit dunkleren Vertiefungen und Löchern, stellenweise auch grünlich. Fleisch blaß gelblich, nach dem Anschneiden innerhalb einer halben Stunde von Karottengelb (Milchsaftfärbung) allmählich verblassend und zuletzt graugrünlich. Lamellen leicht herablaufend, dicht, blaßrosa bis aprikosengelb, nach Verletzung zuerst karottengelb, dann pistaziengrün. Milchsaft orangegelb, von mildem bis wenig bitterem Geschmack. Wächst im Gras in lichten Kiefernbeständen, seltener in jungem Fichtengehölz und an Waldrändern. Fruchtkörper VII–X.
Sehr schmackhafter Speisepilz.

Reizker-Bohnen-Gemüse (4 Portionen)
150 g weiße Bohnen
1 Zwiebel, fein gehackt
450 g Reizker
2 Knoblauchzehen, fein gehackt
Thymian
Salz, Pfeffer
Bohnen über Nacht einweichen, dann etwa 2 Stunden weich kochen. Pilze sorgfältig putzen, etwas zerkleinern (Stiele nicht verwerfen). Zwiebel und Knoblauch in Butter dünsten, Pilze zugeben und dünsten, bis die Pilze weich geworden sind. Bohnen und Thymian zufügen und weitere 10–15 Min. dünsten. Nach Geschmack würzen und heiß servieren.

Krause Glucke *Sparassis crispa* WULF. EX FR.
Fam. Gluckenpilze (*Sparassidaceae*)
Fruchtkörper 20–50 cm breit, im Umriß kegelig, im Aussehen ähnlich einem Blumenkohl, besteht aus einem festen, meist im Boden verborgenen Stielteil und zahlreichen Verzweigungen, diese in flache, etwas schuppige Enden auslaufend, weißlich bis cremefarben, später zunehmend bräunlich-fleischfarben. Geruch süßlich, angenehm. Wächst am Grunde lebender Nadelbäume, besonders an Kiefern. Nicht sehr häufig. Fruchtkörper VII–IX.
Junge Exemplare nach gründlicher Reinigung eßbar.

Krause Glucke
Krause Glucke, junge Exemplare
etwas Mehl
Butter
Petersilie, fein gehackt
Salz, Pfeffer
Pilze gründlich säubern, mit Mehl einstäuben und in Butter kurz dünsten. Würzen, mit Petersilie bestreuen und servieren.
Sehr gut schmecken diese Pilze auch mit Sauce hollandaise.

Der Leberpilz (*Fistulina hepatica*) wird vor der Zubereitung in Scheiben geschnitten. Aufnahme 14. September.

Schwefelporling (*Laetiporus sulphureus*) an einer Weide. Aufnahme 20. Juli.

Schwefelporlinge kann man recht gut für ein Mischpilzgericht verwenden. Aufnahme 20. September.

Leberpilz *Fistulina hepatica* SCHAEFF. EX FR.
Fam. Leberpilze (*Fistulinaceae*)
Hut 10–25 cm breit, 2–6 cm dick, meist einzeln, zungenförmig, mitunter auch mit sehr kurzem Stiel, sonst der Unterlage dicht ansitzend, oberseits meist feucht und klebrig, grob kurzborstig, später kahl, rot bis braunrot, zuweilen auch purpurbraun. Fleisch dick und saftig, fleischrot, faserig, heller geadert, mit ausfließender, roter Flüssigkeit, erinnert in Farbe, Form und Konsistenz deutlich an eine Leber. Geschmack leicht säuerlich, Geruch angenehm. Röhren 10–15 mm lang, weißlich bis gelblich, einzeln nebeneinander, aber zusammenhängend. Poren etwa 3 je mm^2, rundlich, zunächst weißlich, bei Verletzung jedoch rasch rötlich anlaufend. Sporenpulver blaß gelblich. Meist an der Basis von Laubholzstümpfen oder -stämmen, besonders gerne an Eichen und Eßkastanien. Pilz verursacht die Braunfäule des Holzes. Befallene Eichen zeigen daher ein wesentlich dunkleres Holz und wurden von der Furnierindustrie zeitweilig besonders gerne verwendet. Eßbar. Fruchtkörper VII–IX.

Leberpilze in Butter (4 Portionen)
450 g Leberpilze
6 kleine Zwiebeln, fein gehackt
3 Knoblauchzehen, fein gehackt
Butter
Thymian
Salz, Pfeffer

Pilze gründlich reinigen und in feine Scheiben schneiden. Zusammen mit den Zwiebeln und dem Knoblauch in Butter etwa 10 Min. dünsten. Würzen und solange erhitzen bis fast alle Flüssigkeit verdampft ist. Eventuell mit Crème fraîche verfeinern.

Schwefelporling *Laetiporus sulphureus*
(BULL. EX FR.) MURR. Fam. Porlinge (*Polyporaceae*)
Hut 5–30 cm breit, fächerförmig ausgebreitet oder unregelmäßig halbkreisförmig, dick und fleischig, meist in größerer Anzahl neben- und übereinander. Oberseits samtig-filzig, uneben-buckelig, sattgelb bis gelborange, im trockenen Zustand etwas heller, am Rand stumpf gerundet. Fleisch zunächst weich und saftig, später runzlig und sehr trocken, gibt beim Zusammenpressen eine gelbliche Flüssigkeit ab. Geschmack leicht säuerlich, aber angenehm. Geruch stark pilzig. Röhren bis 3 mm lang, schwefelgelb. Poren rundlich bis oval, gleichfarben. Sporenpulver weiß. Verbreitet bis häufig auf lebenden oder abgestorbenen Laubbäumen, vorwiegend auf den Stämmen von Eichen, Weiden und Pappeln. Verursacher der Rotbraunen Würfelfäule an Waldbäumen. Nur sehr junge Fruchtkörper gelten als eßbar. Fruchtkörper etwa V–VIII.
Schwefelporlinge können wie Leberpilze in Butter gedünstet oder zu Pilzmischgerichten verwendet werden.

Die Früchte des Schwarzen Holunders (*Sambucus nigra*) sind meist so häufig, daß es schade wäre, nicht wenigstens einige Rezepte mit ihnen zu erproben. Beliebte Zubereitungen sind etwa Holunder-Wein, Holunder-Sirup oder verschiedene Gelees und Konfitüren. Aufnahme 15. September.

Schwarzer Holunder *Sambucus nigra* L.
Fam. Geißblattgewächse (*Caprifoliaceae*)
Dieser weit verbreitete und häufige Strauch oder kleine Baum wurde bereits auf Seite 68 beschrieben.

Roter Holunder, Trauben-Holunder, Berg-Holunder
Sambucus racemosa L. Fam. Geißblattgewächse (*Caprifoliaceae*)
Kleinerer Strauch von 1–4 m Höhe, mit bogig aufstrebenden Ästen, meist reich verzweigt. Blätter gegeständig, unpaarig, gefiedert, beiderseits hellgrün, mit länglich-lanzettlichen Fiederblättern, gezähnt, zugespitzt. Nebenblätter mit großen Nektardrüsen. Blüten sehr klein, in einem eiförmigen, gedrungenen, traubigen Blütenstand. Mark der Zweige rostbraun. Steinfrüchte scharlachrot. Verbreitete Pflanze auf Kahlschlägen und Waldlichtungen, meist in mittleren Höhenlagen auf nährstoffreichen, aber wenig kalkhaltigen Böden. In den Alpen bis etwa 2000 m aufsteigend. Selten bestandsbildend, meist vereinzelt. Blüten IV–V (mit dem Laub), Früchte VI–VII.
Die Samen des Roten Holunders enthalten einen schwach wirksamen Giftstoff! Das Fruchtfleisch der leuchtend roten Steinfrüchte (keine Beeren!) ist dagegen giftfrei und sehr vitaminreich. Dennoch sollte man auf die Früchte des – auch wesentlich häufigeren – Schwarzen Holunders zurückgreifen!

Für die Verwendung der Holunder-Früchte empfehlen sich verschiedene Rezepte, von denen hier einige originelle Vorschläge zusammengetragen wurden:

Holunder-Wein
450 g Holunderfrüchte
4 Liter Wasser
1 kg Zucker
Pektin-Enzym
Weinhefe
1 Nährstofftablette
Holunderfrüchte mit der Gabel von ihren Stielen lösen und in einem größeren Gefäß zerquetschen. Etwa 1,5 Liter kochendheißes Wasser darüber gießen, aufgelöste Nährstofftablette zufügen, mit einem Tuch abdecken und über Nacht stehen lassen. Dann etwa 2,5 Liter lauwarmes Wasser, Pektin-Enzym und angestellte Weinhefe zugeben. In einen Gärballon einfüllen, mit Gäraufsatz verschließen und etwa 3 Tage stehen lassen (in dieser Zeit stellt sich die verlorengegangene dunkle Farbe wieder ein). Schließlich durch ein Tuch abgießen und in einen anderen Ballon einfüllen. Aufsatz einstecken und an einem warmen Platz etwa 6 Wochen gären lassen. Bodensatz absetzen lassen, klaren Überstand absaugen und auf Flaschen füllen. Wenn man im Spätsommer bis Frühherbst mit der Weinbereitung beginnt, ist der Holunder-Wein etwa zu Weihnachten trinkfer-

Trauben-Holunder (*Sambucus racemosa*). Aufnahme 25. August.

Gemeiner Schneeball (*Viburnum opulus*). Die rohen Steinfrüchte sind giftig! Aufnahme 25. September.

tig. Man sollte ihn nicht zu lange aufbewahren, da er kaum noch an Qualität gewinnt.
Die in diesem Rezept angegebene Fruchtmenge ergibt einen recht leichten Wein. Wenn Sie einen kräftigeren bevorzugen, muß die Frucht- und Zuckermenge erhöht werden.

Holunder-Apfel-Gelee
1,5 kg Äpfel
2 Liter Holunderbeeren
Zucker
Schale einer Orange
1 Zimtstange
Äpfel gründlich waschen, zerkleinern und mit den abgestreiften Holunderfrüchten vermengen. Etwas Wasser zugeben und zu einem Fruchtbrei verrühren. Über Nacht durch ein Tuch den Fruchtsaft abtropfen lassen. Fruchtsaftmenge abmessen und je Liter ungefähr 800–900 g Zucker verwenden. Saft und Zucker erhitzen, Orangenschale und Zimtstange (in einen Mullbeutel eingebunden) zugeben, zum Kochen bringen, Gewürzbeutel entfernen und Erstarrungsprobe mit einem kleinen Löffel durchführen. Anschließend in saubere, heiß ausgespülte Gläser füllen und sofort verschließen. Eventuell vorher noch etwa Holunderschnaps (Sambuco) aufträufeln.

Holunder-Sirup
Holunderfrüchte
Zucker
Holunderfrüchte gründlich waschen, mit einer Gabel von den Stielen abstreifen, abtropfen lassen, in ein großes Gefäß geben und gerade mit Wasser bedecken. Langsam erhitzen und etwa 30 Min. ziehen lassen, bis die Früchte weich geworden sind. Flüssigkeit durch ein Tuch ablaufen lassen. Je Liter Saft etwa 800–900 g Zucker verwenden. Saft und Zucker verrühren, erhitzen und etwa 10 Min. kochen. Nach dem Abkühlen in kleinere Gefäße umfüllen und gut verschließen oder den Sirup einfrieren.
Man verwendet den Sirup mit heißem Wasser verdünnt und etwas Zitronensaft bei Halsbeschwerden und Katarrhen der Atemwege. Eventuell kann man noch etwas Whisky zugeben.
Mit Weißwein verdünnt ergibt Holunder-Sirup einen guten Aperitif.

Eingelegte Holunderfrüchte
675 g Holunderfrüchte
50 g braunen Zucker
¼ Liter Apfelessig
1 mittelgroße Zwiebel, fein gehackt
50 g Rosinen
12 g Ingwer, gemahlen
Salz, Pfeffer, Muskat
Holunderfrüchte gründlich waschen, abtropfen lassen und von den Stielen abstreifen, zerquetschen und im Mixer pürieren. Zusammen mit den übrigen Zutaten aufkochen und ca. 20 Min. ziehen lassen. In Gläser abfüllen und fest verschließen.
Eingelegte Holunderfrüchte eignen sich sehr gut als Beilage zu Wildgerichten.

Holunderbeer-Suppe
400 g entstielte Holunderbeeren
2 saure Äpfel, gewürfelt
200 g entsteinte Zwetschgen
½ Liter Wasser
60 g Zucker
1 Prise Zimt
Äpfel und Zwetschgen mit 4 EL Wasser weichkochen und durch ein Sieb streichen. Dieses Mus mit Wasser, Zucker und Holunderbeeren aufkochen und mit Zimt würzen. (Aus LAUX, Kochrezepte für Naturfreunde.)

Gemeiner Schneeball *Viburnum opulus* L.
Fam. Geißblattgewächse (*Caprifoliaceae*)
Sommergrüner Strauch, seltener kleiner Baum, bis etwa

Gemeiner Wacholder (*Juniperus communis*). Aufnahme 16. April.

Reife Beerenzapfen des Wacholders – keine richtigen Beeren und auch keine Früchte. Aufnahme 20. September.

4 m hoch. Zweige graubraun, kahl, leicht kantig. Knospen mit mehreren Knospenschuppen. Blätter lang gestielt, mit 3–5 zugespitzten, unregelmäßig gezähnten Lappen, oberseits kahl, unterseits spärlich behaart. Blattstiel rinnig, kurz unterhalb der Spreite mit scheiben- bis napfförmigen Nektardrüsen (extraflorale Nektarien). Blüten in flachen Schirmrispen, diese 5–10 cm breit. Innere Blüten fertil, bis 6 mm breit, äußere Blüten steril, mit 5 weißen, radförmig ausgebreiteten Kronzipfeln, um 2 cm breit. Bei der häufig verwendeten Gartenform sind alle Blüten steril, der Blütenstand ist kugelig (von der Form eines Schneeballs). Steinfrucht länglich, etwa 6 mm dick, scharlachrot, etwas glänzend. Verbreitet bis häufig auf nährstoffreichen, frischen Böden, besonders in Hecken und an Waldrändern, auf Schlägen und in Auengebüsch. Blüten VI–VII.

Die verlockend aussehenden Früchte und alle grünen Teile des Strauches gelten als giftverdächtig! Nach dem Kochen sollen diese Giftstoffe allerdings zerstört sein. Trotz seiner häufigen Verwendung in Nordamerika oder Skandinavien ist es wenig ratsam, aus Schneeball-Früchten Gelees, Säfte oder Sirup zuzubereiten!

Gemeiner Wacholder *Juniperus communis* L.
Fam. Zypressengewächse (*Cupressaceae*)
Zweihäusiger Strauch oder kleiner Baum von 2–15 m Höhe mit anfangs säulenförmiger, später etwas breiter, ausladender Gestalt. Rinde rötlich-braun, löst sich in schmalen Längsstreifen ab. Zweige dünn, dreikantig. Nadelblätter schmal, linealisch, etwa 2 mm breit und bis 2 cm lang, abstehend, zu je 3 in einem Wirtel, schwach gekielt, sitzend. Männliche Zapfen einzeln, gelblich, in den Blattachseln. Weibliche Zapfen 6–9 cm lang, rundlich-elliptisch. Samenreife im 2. oder 3. Jahr nach der Blüte, nachdem die einzelnen Samenschuppen nicht wie bei den übrigen Nadelhölzern holzig, sondern fleischig geworden sind. Beerenzapfen anfangs graugrün, später dunkelblau bis schwarz. Wacholder hat deshalb im botanischen Sinne weder Früchte noch Beeren. Stellenweise bestandsbildend in Restbeständen nach extensiver Waldweide, insgesamt als Wildpflanze stark im Rückgang begriffen. Häufig in Grünanlagen und Gärten angepflanzt. Blüten III, Beerenzapfen IX–XII.

Die getrockneten Beerenzapfen des Wacholders sind ein stark harntreibendes Mittel, das in der Medizin auch heute noch bei der Behandlung rheumatischer Beschwerden verwendet wird. Wegen der stark nierenreizenden Wirkung sollte man die Beerenzapfen auch in der Wildpflanzenküche nur mit Zurückhaltung einsetzen! Traditionell dienen Wacholderbeeren zum Aromatisieren von Sauerkraut, zum Würzen verschiedener Saucen und Marinaden. Dabei reichen im allgemeinen 3–6 „Beeren" für 4–5 Portionen aus.

Die aromatischen Vorzüge der Wacholder-Beerenzapfen werden auch in einer Vielzahl alkoholischer Getränke gewürdigt. Meist werden die Wacholderbeeren zusammen mit Brennereimalz vergoren und anschließend destilliert. Das Ergebnis sind weltbekannte klare Schnäpse wie Doppelwacholder, Gin, Genever oder Steinhäger.

Parasol oder Riesenschirmpilz (*Lepiota procera*) kann auf verschiedene Weise zubereitet werden. Köstlich schmeckt er in jedem Fall. Aufnahme 25. September.

Rötender Schirmpilz (*Lepiota rhacodes*). Aufnahme in einer Parkanlage in der Großstadt am 18. August.

Riesenschirmling, Parasol *Lepiota procera* (SCOP. EX FR.) S.F. GRAY (= *Macrolepiota procera* SING.) Fam. Edelpilze (*Agaricaceae*)
Hut 10–25 cm breit, anfangs paukenschlegelähnlich oder eiförmig, später flach ausgebreitet und mit deutlichem Buckel in der Mitte, blaß graubraun und dunkleren, dachziegelartig gestaffelten, meist recht großen Schuppen. Stiel 150–300 × 8–15 mm, am Grund verbreitert (bis 40 mm dick), weiß, anfangs von einem Filzgeflecht überzogen, das jedoch bald in Ringe und Schuppen zerreißt. Stielring auffallend groß, doppelt, oberseits weiß, Unterseite bräunlich, am Stiel meist beweglich. Fleisch ziemlich dünn, weich, weiß. Geschmack süßlich, Geruch undeutlich oder unspezifisch. Lamellen frei, weiß. Sporenpulver weiß. Stiel vom Hut leicht abtrennbar. Ziemlich verbreitet und häufig im Gras an sonnigen, lichten Stellen in Laubwäldern, an Waldrändern oder in Gärten und Parkanlagen. Meist gesellig. Fruchtkörper VII–X. Ausgezeichneter Speisepilz. Man verwendet am besten Pilze, deren Hut sich gerade zu öffnen beginnt. Dann sind alle Teile noch weich und zart. Pro Person genügt ein Pilz.

Gebackener Parasol (2 Portionen)
2 Pilze
50 g Mehl
1 Ei
⅛ Liter Milch
1 TL gemischte Kräuter, fein gehackt
2 TL geschmolzene Butter
Öl
Salz, Pfeffer
Ei, Mehl, Milch und geschmolzene Butter zu einem Teig anrühren und zuletzt Kräuter und Gewürze zufügen. Pilze gründlich säubern, Stiele entfernen, vierteln und in den Teig tauchen. In heißem Öl goldbraun ausbacken, etwas abtropfen lassen und heiß servieren.

Pilz-Kartoffel-Pfanne (4 Portionen)
4 Parasolpilze
400 g gekochte Kartoffeln
100 g geriebener Käse
2 TL gemischte Kräuter, fein gehackt
Salz, Pfeffer
Öl
Pilze säubern und zerkleinern. Kartoffeln schälen und pürieren. Pilze, Kartoffeln, Gewürze und Käse vermischen, Bällchen formen und in heißem Öl ausbacken.

Rötender Schirmpilz, Safranschirmpilz
Lepiota rhacodes (VITT.) QUÉL.
Fam. Edelpilze (*Agaricaceae*)
Hut 5–15 cm breit, anfangs eiförmig, später ausgebreitet, auf der Oberseite zottig durch große, faserige, aufgebogene Schuppen. Stiel 100–150 × 10–15 mm, mit schiefer Knolle, weißlich bis schmutzig rosa-braun, bei Verletzung rötlichbraun verfärbend. Ring häutig, beweglich. Fleisch weiß, im Anschnitt orange oder karminrot. Geschmack angenehm. Lamellen weiß, später rötlich. Eßbarer und schmackhafter Speisepilz. Ziemlich verbreitet in trockenen Wäldern. In Gärten und Parks wachsende Exemplare sind oft unverträglich! Fruchtkörper VII–IX.
Dieser Schirmpilz kann bei ungenügender Kenntnis leicht mit ähnlichen, ungenießbaren oder giftigen Arten verwechselt werden!
Man verwendet ihn wie den Parasolpilz.

Wein aus Vogelbeeren, bei beginnender Gärung. Aufnahme 1. Oktober.

Eberesche, Vogelbeere *Sorbus aucuparia* L.
Fam. Rosengewächse (*Rosaceae*)
Kleiner oder mittelgroßer Baum bis etwa 15–20 m Höhe, mit ovaler oder rundlicher Krone. Rinde glatt oder fein rissig, grau oder silbrig-grau. Äste steil aufsteigend. Zweige grau oder purpurn, anfangs behaart, später kahl. Knospen etwa 17 mm lang, schmal-eiförmig, an der Spitze gebogen, dunkelpurpurn, grau behaart, anliegend. Blätter unpaarig gefiedert. Fiederblättchen in 5–8 Paaren, länglich, bis zum Grund scharf gezähnt, anfangs behaart, später glatt, oberseits frisch bis dunkelgrün, unterseits heller. Blattspindel im Querschnitt rund, zwischen den Fiederblättchen etwas rinnig. Blüten 8–10 mm breit, cremeweiß, aufrecht oder nikkend, zahlreich in einer traubigen Dolde. Apfelfrüchte höch-

Vogelbeeren-Gelee, ein traditionelles Rezept aus den nordischen Ländern. Aufnahme 4. Oktober.

stens 10 mm breit, kugelig bis länglich, zur Reifezeit hellrot, orangerot oder bräunlich. Sehr formenreich. Auf nährstoff- und kalkarmen Böden in luftfeuchtem Klima, in Gebirgswäldern, an Mooren, in Heidegehölzen. Häufig auch als Straßen- und Zierbaum gepflanzt. Blüten V–VI, Früchte ab VIII. Je nach Sorte führen die Früchte unterschiedliche Mengen an Vitamin C und Provitamin A. Daneben kommt allerdings auch die Parasorbinsäure in den Früchten vor, die zumindest in größerer Menge schädlich sein kann! Frisch gegessen schmecken Vogelbeeren bitter und säuerlich.

Vogelbeeren-Wein
1 kg Ebereschen-Früchte
1,5 kg Zucker
2 Liter Wasser
2 Orangen (Saft)
Hefe
Früchte auf den Stielen sammeln (abschneiden) und erst zuhause abstreifen, sorgfältig waschen und auslesen, in ein großes Gefäß geben. Kochendes Wasser übergießen und Früchte etwas zerkleinern. Den Fruchtmost etwa 3 Tage stehen lassen, täglich umrühren. Schließlich über einem Tuch abgießen, in einen Gärballon füllen, Zucker (aufgelöst) und Orangensaft zufügen. Hefe anstellen und Gärung einleiten. Etwa 3 Tage unter losem Verschluß gären lassen. Dann Gäraufsatz verwenden und etwa 4 Monate nachgären lassen. Dieser Fruchtwein wird von selbst rasch klar. Nach Abschluß der Gärung auf Flaschen ziehen und mindestens noch 6 Monate stehen lassen.

Vogelbeeren-Gelee
1,5 kg Ebereschen-Früchte
1 kg Äpfel
Zucker
Äpfel schälen und zerkleinern, anschließend weich kochen. Vogelbeeren hinzugeben und zu einem Brei verarbeiten. Fruchtbrei über ein Tuch abpressen. Pro Liter Saft ca 800 g Zucker verwenden. Aufkochen lassen, Schaum abschöpfen und sofort in saubere Gläser füllen. Eventuell vor dem Verschließen noch etwas Himbeergeist aufträufeln.

Mehlbeere *Sorbus aria* (L.) CRANTZ
Fam. Rosengewächse (*Rosaceae*)
Mittelgroßer Baum bis etwa 25 m Höhe, mit breiter, rundlicher Krone. Rinde meist glatt, feinrissig, grau. Zweige anfangs behaart. Blätter einfach, 5–12 cm lang, eiförmig, randlich gelappt bis doppelt gesägt oder gezähnt, dicht behaart, oberseits später verkahlend, unterseits weißfilzig. Blüten bis 15 mm breit, weiß. In ganz Europa verbreitet. Häufig als Straßenbaum verwendet. Blüten V–VI. Verwendung wie Vogelbeeren.

Riesenbovist (*Langermannia gigantea*) ist eine wertvolle Ergänzung verschiedenster Gerichte. Aufnahme 13. Oktober.

Flaschenstäublinge (*Lycoperdon perlatum*) erreichen nicht die Ausmaße ihres großen Verwandten und können nur als junge Stadien verzehrt werden. Aufnahme 5. Oktober.

Mehlpilze (*Clitopilus prunulus*) gelten als gute Speisepilze. Aufnahme 29. September.

Riesenbovist *Langermannia gigantea* (BATSCH. EX PERS.) ROSTK. Fam. Staubpilze (*Lycoperdaceae*)
Fruchtkörper kugelförmig, 7–80 cm dick, weiß, lederig, am Grunde furchig. Fruchtkörperhaut schält sich zur Reifezeit ab, am Grund mit dicken Mycelsträngen verwachsen, davon jedoch später abgelöst und dann eventuell frei umherrollend. Fruchtmasse anfangs weiß und fest, später olivbraun und staubig, ohne sterile Fruchtmassenbasis. Sporen braun, kugelig, warzig. Zerstreut, aber überall verbreitet, vor allem auf Weiden, in Gärten oder auf Ödland. Fruchtkörper etwa VII–IX.
Solange dieser Pilz noch weiß ist, gilt er als schmackhaft.

Gebackener Riesenbovist (1–2 Portionen)
Riesenbovist (junges Exemplar)
50 g Mehl
1 Ei
etwas Wasser
Paniermehl
Butter
Aus Mehl, Ei und Wasser einen Teig anrühren. Bovist säubern, eventuell die Schale ablösen, in ca. 1 cm dicke Scheibe schneiden und im Teig wälzen, panieren und in Butter goldbraun braten. Zusammen mit gebratenem Speck servieren.

Riesenbovist mit Gemüse (3–4 Portionen)
1 mittelgroßer Riesenbovist
450 g Rindfleisch, gewürfelt
1 große Zwiebel, fein gehackt
3 mittelgroße Zucchini, in Scheiben geschnitten
½ Liter Fleischbrühe
etwas Tomatenpüree
2 TL fein gehackte Kräuter
Salz, Pfeffer
Zwiebeln in Butter glasig dünsten, Fleischwürfel zugeben, würzen und garen. Zucchinis in Butter kurz anbraten. Bovist in dicke Scheiben schneiden und zusammen mit dem Fleisch und den Zucchinis in eine Kasserolle geben. Brühe zugießen, mit Alufolie abdecken und im vorgeheizten Backofen bei 190 °C etwa 1½ Stunden garen lassen.
Neben dem nur recht zerstreut vorkommenden Riesenbovist gibt es eine Reihe weiterer, zum Teil häufigerer Stäublings-Arten, die man sehr ähnlich zubereiten kann. Manche von ihnen kann man auch (in Scheiben geschnitten) trocknen und kurz vor ihrer Zubereitung in Wasser einweichen.

Flaschenstäubling *Lycoperdon perlatum* PERS.
Fam. Staubpilze (*Lycoperdaceae*)
Fruchtkörper 2,5–6 cm breit, 2–9 cm hoch, meist birnen- oder klöppelförmig, anfangs weißlich, später gelblichbraun, mit kurzen, dreieckigen Warzen besetzt, die sich leicht entfernen lassen und grubige Vertiefungen zurücklassen. Fruchtmasse anfangs porös und weißlich, später grau oder graugrün. Sterile Basis schwammig. In Wäldern. Fruchtkörper ab VI. Jung eßbar.

Birnenstäubling *Lycoperdon pyriforme* SCHAEFF. EX PERS.
Fam. Staubpilze (*Lycoperdaceae*)
Fruchtkörper 1,5–4 cm breit, bis 4 cm hoch, etwas keulenförmig oder schlegelartig, an der Unterlage mit dicken Mycelsträngen befestigt, zuerst weißlich, dann zunehmend gelblich oder graubraun, mit schuppigen Stacheln, Körnchen und Warzen, innere Fruchtkörperwand glatt, öffnet sich mit einer Pore. Fruchtmasse anfangs porös und weißlich, später oliv-gelblich, zuletzt staubig olivbraun. Meist gesellig auf modernden Baumstümpfen und anderem, in der Streu verrottendem Holz. Fruchtkörper VI–X. Jung eßbar.

Mehlpilz *Clitopilus prunulus* (SCOP. EX FR.) KUMMER
Fam. Rotblättler (*Entolomadaceae*)
Hut 3–12 cm breit, anfangs gewölbt, später unregelmäßig bucklig, am Rand lappig gewellt. Weiß oder blaß cremefarben, samtig, später kahl. Stiel hutfarben, 15–25 × 4–12 mm. Fleisch weiß, fest. Lamellen herablaufend, weiß bis rosa. Im Gras auf Waldlichtungen, weit verbreitet. Fruchtkörper VI–XI.

Die Blätter des Gagelstrauches (*Myrica gale*) wurden in Nordeuropa schon seit Jahrhunderten zur Bierbereitung benutzt, ehe sie vom Hopfen verdrängt wurden. Aufnahme 29. September.

Gagel *Myrica gale* L. Fam. Gagelgewächse (*Myricaceae*) Sommergrüner, kleiner Strauch, etwa 60–150 cm hoch mit etwas steifen, steil aufrechten Zweigen, diese rotbraun mit zerstreuten, gelblichen Drüsen. Knospen schmal, eiförmig, rötlich-braun, mit zahlreichen Knospenschuppen. Blätter 2–6 cm lang, länglich-lanzettlich, am Grunde verschmälert, kurz gestielt oder fast sitzend, am vorderen Rand gezähnt oder nahezu ganzrandig, graugrün, oberseits nur zerstreut behaart, unterseits flaumhaarig, mit großen, gelblichen Drüsen auf beiden Blattseiten. Überwiegend zweihäusig. Kätzchenblüten erscheinen vor dem Laubaustrieb, aufrecht, bilden am Ende der Zweige dichtständige Rispen. Männliche Kätzchen zylindrisch, aufrecht abstehend, weibliche Kätzchen kugelig, rötlich. Steinfrüchte sehr klein, abgeflacht,

Wild-Hopfen (*Humulus lupulus*) wächst gerne in Schleiergesellschaften in Auwäldern und -gebüschen. Aufnahme 30. September.

drüsig, mit Flügelsaum aus Tragblättern. Charakteristischer Strauch in Weidenbrüchen, Heidemooren, an Moorrändern, in nassen Gebüschen und Sümpfen. Atlantisch verbreitete Pflanze der Ebene, nur nördlich der Mittelgebirge.
Stark im Rückgang. Steht unter Naturschutz. Blüten IV–V.
Lange bevor Hopfen zum Würzen und Konservieren von Bier verwendet wurde, war Gagel bei den Germanen zur Aromatisierung des Mets in Gebrauch. Dazu wurden die stark duftenden Blätter oder Blüten der Pflanze eingesetzt. Das ätherische Öl des Gagels enthält einige sehr stark wirkende Inhaltsstoffe, die die Pflanze für den allgemeinen Gebrauch ungeeignet erscheinen lassen. Außerdem sollte man die in Mitteleuropa seltene Pflanze nicht durch Absammeln der Blätter unnötig beschädigen. Wer es dennoch einmal versuchen möchte und größere Bestände in erreichbarer Nähe hat, kann nach folgendem Rezept vorgehen:

Gagel-Met
10 Gagel-Blätter
4,5 Liter Wasser
50 g Honig
1 Zitrone
Hefe
Wasser zum Kochen bringen und auf die Gagelblätter gießen. Honig und Zitronensaft zugeben und gründlich umrühren. Hefe anstellen und nach dem Abkühlen des Ansatzes zugeben. Etwa 4–5 Tage lang gären lassen. Anschließend abgießen und in Flaschen mit Schraubverschluß füllen. Innerhalb einer Woche trinkfertig. Während dieser Zeit Druck in den Flaschen kontrollieren. Sollte das Gebräu nicht schäumen, nochmals etwas Zucker zugeben und eine weitere Woche abwarten.

Gemeiner Hopfen, Brau-Hopfen *Humulus lupulus* L.
Fam. Hanfgewächse (*Cannabaceae*)
Eine ausführliche Beschreibung der Pflanze finden Sie auf Seite 41. Zwischen der Wildpflanze und dem in manchen Gegenden an hohen Klettergerüsten kultivierten Brau-Hopfen gibt es nur wenige Unterschiede. Allerdings unterscheiden sich die Kulturpflanzen in der Menge und im Aroma des Harzes, das sie auf ihren weiblichen Blütenständen hervorbringen. Die Drüsenschuppen der „Hopfendolden" genannten Blütenstände enthalten einen würzig duftenden, allerdings bitter schmeckenden Stoff, dessen Hauptbestandteile zu einem großen Teil Gerb- und Bitterstoffe sind. Die Hopfenbitterstoffe sind schwache Hypnotika. Nur in großer Menge genommen können sie zu Vergiftungen führen. Die sogenannte „Hopfenpflückerinnen-Krankheit", bei der Übelkeit, Erregungszustände, Erbrechen, mitunter auch Schlafsucht oder Menstruationsstörungen auftreten, ist Ausdruck für eine Überdosierung der Hopfenwirkstoffe, die dem Bier nicht nur seinen angenehmen Bittergeschmack verleihen und es vor verschiedenen Mikroorganismen schützen, sondern auch eine ausgesprochen östrogene Wirkung entfalten.

Bier
Die Eigenherstellung von Bier ist sehr mühsam und zeitaufwendig, das Ergebnis meist enttäuschend und in jedem Fall ein Kompromiß:

1 Handvoll Hopfendolden
200 g Malz
200 g Zucker
4,5 Liter Wasser
Bierhefe
Hopfen etwa 15 Min. lang kochen, dann die Flüssigkeit abgießen und Zucker und Malz einrühren. Hefe anstellen und nach Abkühlung des Ansatzes zugeben. Gärgefäß lose abdecken und etwa 5 Tage lang gären lassen. Anschließend ohne Bodensatz auf Flaschen füllen, verschrauben und gelegentlich den sich entwickelnden Gasdruck kontrollieren. Das „Bier" ist nach etwa 14 Tagen trinkfertig. Vor dem Antrinken vorsichtig in einen Krug umfüllen.

Apfel-Gelee ist eine schmackhafte Ergänzung zu Fleischgerichten. Aufnahme 25. September.

Wild-Apfel, Holz-Apfel *Malus sylvestris* (L.) MILL.
Fam. Rosengewächse (*Rosaceae*)
Kleiner Baum oder Strauch, bis etwa 10 m hoch, mit meist stärker dornigen Zweigen und Ästen. Rinde braun und rissig, in viele, kleine Schuppen aufbrechend. Blätter 3–11 × 2,5–5,5 cm groß, oval bis elliptisch, manchmal auch annährend kreisförmig, am Grunde breit-keilförmig, an der Spitze verschmälert, gekerbt oder gesägt, meist nur spärlich (vor allem auf der Unterseite und auf den Blattnerven) behaart, gestielt. Blüten weiß und rosa überlaufen, 3–4 cm breit. Stiele und Kelchboden kahl oder fast kahl. Früchte 2,5–3 cm breit, gelblich-grün oder leicht rötlich. Sehr zerstreut in Auen- und Hudewäldern, in feuchten Eichenbeständen oder in Gebüschen, besonders im südlichen Bergland. Blüten V. Früchte ab VIII.
Häufiger als die Wildform des Apfels findet man Exemplare, die sich von irgendeiner der überaus zahlreichen Kultursorten ableitet und allmählich wieder in die Wildlingsmerkmale zurückfällt. Von Kultursorten hervorgehende, verwildernde Exemplare haben meist (noch) keine verdornten Zweige und stärker behaarte Blätter.
Da die eigentliche Stammform aller Kultursorten, der Wild- und Holz-Apfel, von Natur aus in Mitteleuropa ziemlich selten ist und nur gelegentlich als Wildäsung angepflanzt wird, wird man nicht häufig Gelegenheit haben, die nachfolgend vorgeschlagenen Rezepte mit echten Wild-Äpfeln zu versuchen. Es ist aber ohne weiteres möglich, statt dessen auch mit den Äpfeln aus dem Obstgarten vorlieb zu nehmen und notfalls mit einem sauren oder noch nicht vollreifen Exemplar den herben oder sauren Geschmack zu ersetzen, den die meisten heutigen „Mode"-Äpfel aus dem Supermarkt vermissen lassen.

„Saurer Saft"
Einige Holzäpfel oder unreife Kulturäpfel sammeln und noch einige Tage bei Zimmertemperatur nachreifen lassen. Stiele und faule Stellen verwerfen, Früchte zerkleinern und pürieren und über ein Tuch oder eine Saftpresse ablaufen lassen. In sterile, heiß ausgespülte Gefäße abfüllen und noch einige Wochen stehen lassen. Dieser Saft ist der beste Ersatz für Zitronensaft oder gewöhnlichen Salatessig. Er wird darum z. B. in vielen Feinschmecker-Restaurants in Frankreich anstelle von Weinessig oder Zitronensäure bei der Zubereitung bestimmter Gerichte verwendet.

Apfel-Gelee
2 kg Äpfel
1–1,5 Liter Wasser
Einmachzucker
Äpfel gründlich waschen und zerkleinern, gerade mit Wasser bedecken, zum Kochen bringen und anschließend noch etwas weiter erhitzen. Dabei gelegentlich kräftig umrühren und zu einem Fruchtbrei zerkleinern. Diesen über einen Tuchbeutel abgießen und mehrere Stunden lang ablaufen lassen. Erhaltene Saftmenge messen und je Liter Saft ungefähr 800–900 g Einmach- oder Gelierzucker zugeben. Über kleiner Flamme erhitzen, Zucker auflösen und dann rasch zum Kochen bringen, bis der Erstarrungspunkt erreicht wird. Schaum abschöpfen und Flüssigkeit heiß in saubere Gläser einfüllen. Eventuell noch etwas Calvados auffüllen und sofort verschließen. Apfel-Gelees werden in der Regel auch ohne speziellen Gelierzucker ziemlich fest, weil die Früchte recht pektinreich sind.

Apfel-Wein
1 kg Äpfel, gerieben
1 Orange
1 Zitrone
1,2 kg Zucker
2 Liter Wasser
Hefe
Äpfel mit kochendem Wasser übergießen, abkühlen lassen und zu einem Brei verrühren. Masse etwa 3 Tage lang stehen lassen, dabei gelegentlich umrühren und schließlich über einen Tuchbeutel in einen Gärballon abgießen. Zuckersirup anrühren. Orangen- und Zitronensaft auspressen, beides zugeben und vermischen. Hefe anstellen und Gärung einleiten. Ansatz etwa 4 Monate gären lassen, dann ohne Bodensatz umfüllen und 3 Monate nachreifen lassen.

Apfel-Püree
1,5 kg Äpfel
¼ Liter Apfel-Cidre
¼ Liter Wasser
½ TL Muskat
½ TL Zimt (gemahlen)
Äpfel gründlich waschen und ohne vorheriges Schälen stückeln, dann in ein Kochgefäß geben und zusammen mit Wasser und Cidre weich kochen, anschließend durch ein Sieb passieren und Gewicht feststellen. Zu gleichen Gewichtsteilen Zucker zugeben, schwach erwärmen, und solange rühren, bis sich der Zucker vollständig aufgelöst hat. Nach Geschmack Gewürze zugeben und aufkochen, anschließend noch etwas weiter erhitzen, bis ein Großteil der Flüssigkeit verdampft ist, dabei ständig umrühren. Zuletzt in saubere Gläser umfüllen und sofort verschließen. Dieses Apfelmus eignet sich vorzüglich zu verschiedenen Fleisch- oder Geflügelgerichten.

Äpfel mit Preiselbeeren-Konfitüre
4 Äpfel
1 Tasse Preiselbeeren-Konfitüre
1 Schuß Weißwein
¼ Liter Wasser
Äpfel waschen und von oben her entkernen. Wasser und Weißwein mischen und darin die Äpfel dünsten. Nicht zu weich werden lassen. Äpfel abtropfen lassen und mit Preiselbeer-Konfitüre füllen. Ideal als Beilage zu Wildgerichten. (Aus LAUX, Kochrezepte für Naturfreunde.)

Schlehe, Schwarzdorn *Prunus spinosa* L.
Fam. Rosengewächse (*Rosaceae*)
Laubwerfender kleiner Strauch oder Baum von etwa 4–6 m Höhe, meist sehr reich und dicht verzweigt. Zweige mit dornigen Kurztrieben. Blätter ungeteilt, bis 4 cm lang, länglich-oval, stumpf oder wenig zugespitzt, am Rande mit stumpfen oder spitzen Zähnen, frisch grün und glatt auf der Oberseite, unterseits heller und auf den Blattnerven behaart. Blattstiel etwa 1 cm lang. Blüten meist einzeln, erscheinen vor dem Laubaustrieb auf ca. 5 mm langen Stielen. Kornblätter 5–8 mm lang, weiß. Frucht (= Steinfrucht) 1–1,5 cm lang, etwas länglich-kugelig, schwarzblau, bläulich bereift. Fruchtfleisch schmeckt sehr säuerlich-adstringierend. Stein glatt oder nur wenig rauh. Verbreitet in lichten Wäldern, an Waldsäumen oder in Feldgehölzen. Blüten IV–V. Früchte etwa X–XI.

Schlehe (*Prunus spinosa*). Aufnahme 30. August.

Kultur-Pflaume (*Prunus domestica*). Aufnahme 26. September.

Schlehengebüsch, obwohl kaum zu durchdringen, steht bei den Naturfreunden in hohem Ansehen. Überall, wo es im Gebüschmantel der Wälder oder als Heckenriegel in der freien Flur vorkommt, bietet es den Vögeln sichere Nistmöglichkeiten, die gerne genutzt werden. Im zeitigen Frühjahr, wenn sonst draußen noch sehr wenige Blüten geöffnet sind, finden die Bienen an den über und über mit weißen Blüten bestandenen Sträuchern ein reiches Angebot. Deshalb sehen auch die Imker nicht ungern, wenn sich auf einem ohnehin wenig ertragreichen Boden ein Schlehengebüsch entwickelt. Schließlich kann man die im Spätherbst reifen Früchte sammeln und zu verschiedenen Zwecken verwenden. Im rohen Zustand sind sie wegen ihres enormen Gerbstoffgehalts kaum zu genießen. Doch kann man sie auf verschiedene Weise verfeinern und veredeln.
Schlehen können mit der Kultur-Pflaume bastardieren. Diese sind ohnehin aus Kreuzungen der einheimischen Schlehen mit mediterranen bzw. vorderasiatischen Arten hervorgegangen. Vielfach ist die Abstammung der unter dem Namen Kultur-Pflaume (*Prunus domestica*) zusammengefaßten Formen noch sehr unklar. Von der Haferschlehe (*Prunus insititia*) leiten sich beispielsweise die wohlschmeckenden Früchte der Mirabelle-Gruppe ab. Haferschlehen kann man recht gut an der Samtbehaarung auf den jungen Zweigen erkennen. Im Unterschied zu den meisten kultivierten Arten findet sich bei diesen Bäumen oder Sträuchern auch noch eine stärkere Bedornung.

Schlehen-Likör

Schlehen nach dem ersten Frost sammeln oder in der Tiefkühltruhe einmal kräftig durchfrosten lassen, dann auftauen, mit einer Gabel etwas anstechen und in eine Flasche füllen. Gleiche Menge Zucker und/oder etwas Buttermandelaroma zugeben und mit Gin auffüllen. Flaschen gründlich verkorken und mindestens 3 Monate lang stehen lassen, dabei aber gelegentlich umschütteln. Anschließend die Flüssigkeit über Filtrierpapier abgießen, bis sie klar geworden ist und erneut in Flaschen füllen. Alternativ kann man die Früchte auch im Gin belassen. Sie geben (nach dem Aufbrauchen des Schlehen-Gins) eine köstliche Zutat zu verschiedenen Fleisch- oder Wildgerichten.

Schlehen-Gelee

2 kg Schlehen-Früchte
½ Liter Wasser
2 kg Zucker

Schlehen nach dem ersten Frost oder im Zustand der Vollreife pflücken, gründlich reinigen und im Druckkochtopf etwa 5 Min. lang bei hohem Druck kochen (alternativ etwa 40 Min. lang in einem gewöhnlichen Kochtopf). Flüssigkeit über ein Tuch ablaufen lassen (über Nacht). Zucker auflösen und zum Fruchtsaft geben, dann kräftig erhitzen und aufkochen, bis der Erstarrungspunkt (Löffelprobe) erreicht ist (nach 15–30 Min.). Anschließend in saubere Gläser füllen, etwas Gin aufträufeln und sofort verschließen.

Apfel-Schlehen-Püree

800 g Schlehen-Früchte
1,2 kg Äpfel
¼ Liter Wasser
Zucker

Äpfel (Fallobst ist bestens geeignet) waschen und schadhafte Stellen entfernen, in kleine Stücke schneiden und unter geringer Wasserbedeckung solange erhitzen, bis sie weich geworden sind. Dann die gewaschenen Schlehen-Früchte zugeben und weich kochen. Fruchtmasse durch ein Sieb schlagen und Gewicht feststellen. Zu je 500 g Fruchtmasse die gleiche Menge Zucker geben, umrühren und auflösen, dann überschüssige Flüssigkeit verdampfen und in sterile, saubere Gläser füllen. Diese Zubereitung ist eine sehr wohlschmeckende Ergänzung zu Fleischgerichten, besonders (anstelle von Preiselbeeren) zu Wild.

Schlehen-Wein

1,2 kg Schlehen-Früchte (oder gemischt mit Pflaumen)
1 kg Zucker
2 Orangen
4,5 Liter Wasser
Hefe

Früchte in der Hälfte des Wassers kochen (etwa 20 Min.), langsam mit einem Holzlöffel zerkleinern, dann die Flüssigkeit in ein größeres Gefäß abgießen. Zucker in der anderen Hälfte des Wassers auflösen. Hefe anstellen und alle Zutaten (Orangensaft, geriebene Orangenschale) vermischen. Etwa 4 Tage lang gären lassen, dann zum Nachgären in ein anderes Gefäß umfüllen und etwa 3 Monate unter losem Verschluß stehen lassen, bis sich die Flüssigkeit geklart hat. Dann auf Flaschen ziehen und reifen lassen. Nach ungefähr einem Jahr ist der Schlehenwein trinkfertig. Seine Qualität fällt je nach Reifegrad der Früchte von Jahr zu Jahr verschieden aus. Daher muß eventuell die Zuckermenge etwas variiert werden.

Schlehen-Likör ist eine der vielen Verwendungsmöglichkeiten dieser wertvollen Früchte. Aufnahme 20. Oktober.

Steinpilze mit Paprika. Aufnahme 26. September.

Gefüllte Steinpilze. Aufnahme 24. August.

Steinpilz *Boletus edulis* BULL. EX FR.
Fam. Röhrenpilze (*Boletaceae*)
Hut 8–20 (30) cm breit, anfangs halbkugelig, später ausladend gewölbt, heller oder dunkler kastanienbraun, zunächst mit weißlichem Reifbelag, der später nur noch am Rande eine weißliche Linie zurückläßt, anfangs auch glatt, später leicht klebrig und glänzend, besonders bei feuchtem bis nassem Wetter. Huthaut nur bei älteren Pilzen wenig abziehbart. Stiel 30–230 × 30–70 mm, selten noch dicker, kräftig, keulen- oder walzenförmig, bleichbraun, mit feinem, weißem Netzmuster, besonders im oberen Abschnitt. Fleisch unveränderlich weiß, im Hut leicht strohfarben-gelblich. Geschmack und Geruch angenehm. Röhren anfangs noch weiß, später graugelb. Poren von ähnlicher Färbung, klein, rundlich. Sporenpulver gelblich bis tabakbraun. Sporen spindelförmig. Verbreiteter, sehr gesuchter und geschätzter Speisepilz. Im Sommer vor allem in Fichten- und Kiefernbeständen, im Herbst auch in Eichen- und Buchengehölzen anzutreffen. Fruchtkörper etwa VIII–IX.
Steinpilze lassen sich, in kleinere Stückchen geschnitten, trocknen und in dieser Form ohne Qualitätsverlust über längere Zeit aufheben.
Steinpilze wachsen grundsätzlich nur unter Bäumen, weil sie als Mykorrhiza-Pilze an bestimmte Gehölze gebunden sind. Die verschiedenen Formen und Rassen werden von manchen Systematikern heute schon als getrennte Arten geführt.

Steinpilze mit Paprika (4 Portionen)
450 g frische Steinpilze, in Scheiben geschnitten
1 kleine Zwiebel, fein gehackt
1 kleine Knoblauchzehe, fein gehackt
50 g Butter
1 größere Tomate, ohne Haut
1 TL milder Paprika
4 EL saure Sahne
Zitronensaft, Salz
Zwiebel und Knoblauchzehe in Butter leicht anbräunen. Tomatenstückchen zugeben, kurz erhitzen, dann den Paprika und schließlich die Pilze einrühren. Zugedeckt etwa 3 Min. lang erhitzen, dann etwas würzen, saure Sahne zurühren, aufkochen und überschüssige Flüssigkeit verdampfen lassen. Zuletzt Zitronensaft zugeben und sofort servieren.

Gebratene Steinpilze (2–4 Portionen)
250 g frische Steinpilze
1 große Zwiebel, fein gehackt
etwas grünen und roten Pfeffer
250 g Tomaten
Soja-Sauce
Oliven-Öl
Pilze säubern und zerkleinern. Porenschicht entfernen, wenn sie schon etwas grünlich geworden sein sollte. Pilzstückchen in Olivenöl etwa 5 Min. lang erhitzen, dann Zwiebeln, Pfeffer und Tomaten zugeben und weitere 10 Min. braten lassen, dabei aber ständig etwas umrühren. Zuletzt mit Salz und Pfeffer noch etwas nachwürzen und Soja-Sauce nach Geschmack zugeben. Dieses Gericht ist als Vorspeise oder als Beilage zu gegrilltem Fleisch bestens geeignet.

Gegrillte Steinpilze
Stiele von größeren, festen Steinpilzen vorsichtig abtrennen und statt dessen eine kleine Zwiebel oder Schalotte einfüh-

Steinpilz (*Boletus edulis*). Aufnahme 20. August.

Schwarzer Steinpilz (*Boletus aereus*). Aufnahme 29. Juli.

ren, etwas Pfeffer, Salz, Öl und Zitronensaft zugeben, in Alu-Folie einschlagen und etwa 15 Min. lang über einem Holzkohlen-Grill garen.

Gefüllte Steinpilze (3 Portionen)
3 große Steinpilze
4 Speckstreifen, kleingeschnitten
1 kleine Knoblauchzehe, fein gehackt
½ Paprika, gewürfelt
150 g Hackfleisch
Butter
Pilze gründlich reinigen, Porenschicht entfernen, wenn sie schon etwas grünlich geworden sein sollte. Stiele abtrennen. Füllung vorbereiten: Speckstückchen in Butter bräunen, Knoblauch, Paprika und Hackfleisch zugeben, bis zum Bräunen braten. Mischung in Pilzhüte einfüllen und etwa 15 Min. lang im vorgeheizten Ofen bei 220 °C backen, bis sich die Pilzhüte weich anfühlen.

Fisch mit Steinpilzen (10–12 Portionen)
2 kg frischer Seefisch
450 g Steinpilze
1 Flasche trockenen Weißwein
1 Mohrrübe, gewürfelt
1 Sellerie, gewürfelt
1 Zwiebel, fein gehackt
60 g geriebener Käse
1 EL Weinessig
150 Butter
4 Eigelb
Butter
1 Lorbeerblatt
je 1 TL Petersilie, Basilikum, Thymian
Safran, Estragon, Fenchel, Kerbel
5 TL Tomaten-Püree
Zwiebel, Mohrrübe und Sellerie in Weißwein zusammen mit den Gewürzkräutern garen und abkühlen lassen. Fisch(e) filetieren und in die abgekühlte Mischung geben, dann 15–20 Min. bei mäßiger Hitze im Ofen (etwa 180 °C) garen. In der Zwischenzeit Pilze zerkleinern und in Butter bräunen, dann etwas Petersilie, Weinessig, Knoblauch, Estragon und Fenchel zugeben, etwa 10 Min. erhitzen. Überschüssige Flüssigkeit abgießen und zusammen mit den 4 Eigelb über einem Wasserbad schlagen. Fisch, Gemüse und Pilze zusammen mit der Ei-Sauce in einem flachen Gefäß arrangieren, mit Käse bestreuen, nochmals kurz überbacken und servieren.

Schwarzer Steinpilz *Boletus aereus* BULL. EX FR.
Fam. Röhrenpilze (*Boletaceae*)
Hut 7–16 cm breit, dunkel zigarrenbraun, schmutzigbraun oder braungrau, am Rande mitunter dunkel ziegelbraun, auf der Oberseite fein rissig und dadurch etwas aufgerauht, anfangs auch leicht samtig, später glatt. Stiel 60–80 × 11–12 mm, kräftig und gedrungen, mit feinem Netzwerk, im oberen Teil braun, in der Mitte eher rosa und an der Stielbasis rostbraun. Fleisch weiß, im Anschnitt unverändert oder schmutzig rötlich anlaufend. Geschmack mild, Geruch stark erdig-pilzig. Röhren weiß bis cremefarben, später schwefelgelb. Poren sehr ähnlich gefärbt, an Druck- und Schadstellen rötlich. Vor allem in den südlicheren Gegenden Mitteleuropas in Laubwäldern, vorzugsweise unter Eichen und Buchen. Fruchtkörper VI–X.
Ausgezeichneter Speisepilz.

Maronenröhrling (*Boletus badius*). Aufnahme 2. Oktober.

Butterpilz (*Suillus luteus*). Aufnahme 28. September.

Maronenröhrling *Boletus badius* FR.
Fam. Röhrenpilze (*Boletaceae*)
Hut 4–15 cm breit, schmutzigbraun oder dunkelbraun, zuweilen auch braunrötlich oder ockerbraun, anfangs filzig, später glatt und bei feuchtem Wetter etwas klebrig. Stiel 45–125 × 8–40 mm, hautfarben oder blasser, an der Oberfläche netzig-wollig. Fleisch weiß bis zitronengelb, oberhalb der Lamellen und im oberen Stielteil im Anschnitt blau verfärbend. Geschmack und Geruch mild und pilzig. Röhren bei Verletzung bläulich-grünlich anlaufend. Verhältnismäßig häufig unter Kiefern und Fichten, seltener unter Laubholz. Guter Speisepilz. Meist frei von Insektenfraß. Fruchtkörper VII–X.

Heide-Rotkappe *Leccinum versipelle* (FR. & HÖK.) SNELL
Fam. Röhrenpilze (*Boletaceae*)
Hut 8–20 cm breit, bis 1,5 kg schwer, ausladend gewölbt, dickfleischig, gelbbräunlich bis bräunlich-orange, anfangs filzig-samtig, später glatt und trocken. Hutrand etwas überhängend. Stiel bis 200 × 15–40 mm, weißlich oder weißgrau, mit flockigen, braunschwarzen Schuppen. Fleisch anfangs weiß, dann dunkler weinrot, zuletzt schwärzlich verfärbend. Geruch und Geschmack angenehm. Röhren weiß bis hellbräunlich. In Mischwäldern unter Birken. Fruchtkörper VI–X. Guter Speisepilz.

Heide-Rotkappe (*Leccinum versipelle*). Aufnahme 28. September.

Butterpilz *Suillus luteus* (FR.) S.F. GRAY
Fam. Röhrenpilze (*Boletaceae*)
Hut 5–10 cm breit, kastanien- oder schokoladenbraun, im feuchten Zustand sehr schleimig. Huthaut kann leicht abgetrennt werden. Im trockenen Zustand leicht glänzend. Stiel 50–100 × 20–30 mm, oben blaß strohgelb, unterhalb des großen Ringes schmutzigweiß bis rötlichbraun. Fleisch weiß, an der Stielbasis oft etwas rötlich. Geruch und Geschmack unspezifisch. Röhren zitronen- bis strohgelb. Meist unter Kiefern. Ausgezeichneter Speisepilz. Fruchtkörper V–XI.

Nougat und Meringen sind sehr delikate Zubereitungen von Haselnüssen. Aufnahme 10. Oktober.

Gewöhnliche Hasel *Corylus avellana* L.
Fam. Haselgewächse (*Corylaceae*)
Großer Strauch, seltener auch kleiner Baum bis etwa 6 m Höhe (seltener auch darüber) mit breiter, buschiger Krone und sehr kurzem Stamm. Rinde dunkelbraun, glänzend, glatt, löst sich in schmalen Querbinden ab. Junge Zweige dicht mit Drüsenhaaren besetzt. Knospen eiförmig und glatt. Blätter bis 10 cm lang, gestielt, ungeteilt, wechselständig, am Rande doppelt gesägt oder gezähnt, oval, oberhalb der Blattspreitenmitte am breitesten, am Grunde herzförmig, steifhaarig, mitunter auch etwas gelappt. Blattstiel dicht drüsig behaart. Blüten eingeschlechtig in verschiedenen Blütenständen auf der gleichen Pflanze (einhäusig). Männliche Kätzchen bis 8 cm lang, hängend, blaßgelb, jede Einzelblüte mit 4 Staubblättern. Weibliche Blüten zu wenigen in kurzen, gedrungenen Ähren bis 6 mm Länge, mit daraus hervorschauenden, karminroten Griffeln. Fruchtstand mit 1–4 Nüssen, diese mit fast ebenso langer Fruchthülle, die bis zur Hälfte oder darüber in unregelmäßige Zähne oder Lappen geteilt ist. Nuß etwa 1,5–2 cm lang, bräunlich, mit holziger Schale. Überall verbreitet und häufig in Feldgehölzen, an Waldrändern, auf Schlägen und in Gebüschen. Stellenweise auch angepflanzt. Blüten II–IV. Früchte ab IX.
Der Haselstrauch ist ein klassischer Vertreter der Windbestäuber unter den einheimischen Gehölzen. Die weiblichen Blüten benötigen deswegen auch keine auffällige Blütenhülle, und man muß die einzelnen Zweige schon recht genau mustern, um weibliche Blütenstände zu entdecken. Andererseits wird daraus verständlich, daß die Bestäubung abgeschlossen sein muß, wenn sich die recht großen Blätter entwickeln. Haselholz ist recht fest und wurde früher zu Gerätestielen oder zur Ausfüllung der Gefache am Fachwerkhaus mit Rutengeflecht verwendet. Außerdem wurden auch Wünschelruten aus Haselästen geschnitten. Die sehr ölreichen Haselnüsse erntet man am besten Ende September oder Anfang Oktober. Es ist dies der beste Kompromiß zwischen noch zu faden Nüssen und dem Eifer von Eichelhähern und Eichhörnchen.

Haselnuß-Meringe (6 Portionen)
75 g Haselkerne, gemahlen
75 g gemahlene Mandeln
6 Eiweiß
¼ Liter Sahne
300 g Puderzucker
frische oder gefrorene Früchte
Haselnüsse und Mandeln mischen. Eiweiß steif schlagen, Hälfte des Zuckers zugeben und weiter schlagen, bis eine glatte, glänzende Creme entstanden ist. Übrigen Zucker und Nußmischung einrühren. Kleine Kuchenformen mit Butter auspinseln und Mischung einfüllen, dann bei etwa 170 °C ungefähr 45 Min. lang ausbacken. Abkühlen lassen. In der Zwischenzeit Sahne schlagen. Meringen, Sahne und ausgesuchte Früchte auf einer größeren Platte anrichten und servieren.

Haselnuß-Nougat
225 g Haselkerne, gemahlen
225 g Zucker
225 g Flüssigzucker
125 g Honig
1 Eiweiß
3 EL Wasser
Wasser, Flüssigzucker, Honig und Zucker in einem Kochtopf langsam erhitzen und zum Kochen bringen. In der Zwischenzeit Eischnee schlagen. Heiße Zuckermischung von der Flamme nehmen und unter ständigem Rühren vorsich-

Weißdorn-Früchte ergeben einen hellrosa gefärbten, sehr spezifisch schmeckenden Fruchtwein. Aufnahme 15. Oktober.

tig zum Eischnee geben, bis die Mischung (nach 2–3 Min.) weiß und steif geworden ist. Anschließend die Haselnüsse darüberstreuen und abkühlen lassen.
Bei diesem Rezept ist es wichtig, die Zuckerlösung und den Eischnee im richtigen Zustand aufeinander zu programmieren. Wahrscheinlich wird sich der Erfolg erst nach einigen Versuchen einstellen.

Eingriffeliger Weißdorn *Crataegus monogyna* JAQU.
Fam. Rosengewächse (*Rosaceae*)
Die Beschreibung dieser Pflanze finden Sie auf S. 42. Gleichermaßen verwendbar ist der

Zweigriffeliger Weißdorn *Crataegus laevigata* (POIRET) DC.
Fam. Rosengewächse (*Rosaceae*)
Laubwerfender, dorniger Strauch oder kleiner Baum bis etwa 10 m Höhe. Blätter 1,5–5 cm lang, verkehrt-eiförmig, breiter als lang, 3–5lappig, Lappen kurz, stumpf, an Langtrieben etwas tiefer gelappt, oberseits glänzend dunkelgrün, unterseits heller. Blütenstände wenigblütig, flach ausgebreitet. Blüten bis 25 mm breit, weiß, mit 2–3 Griffeln. Apfelfrüchte 6–12 mm lang, kugelig, dunkelrot. Verbreitet in lichten Laubgehölzen, in Hecken, Gebüschen und Feldgehölzen. Blüten V. Früchte ab VIII. Bildet Bastarde mit anderen Arten.
Weißdorn-Arten gehören zu den wertvollsten einheimischen Arzneipflanzen. Weißdorn-Zubereitungen normalisieren und regulieren beispielsweise den Blutdruck. Sie werden auch gerne bei Herzschwäche und besonderer Kreislaufbelastung genommen oder zur Unterstützung der Fingerhut-Wirkstoffe verwendet.
Die pektin- und vitaminreichen Früchte sind ungiftig und können zu verschiedenen Wildobst-Zubereitungen verarbeitet werden, beispielsweise zu

Weißdorn-Wein
2 kg Weißdorn-Früchte
1 Zitrone
2 Orangen
1 kg Zucker
4,5 Liter Wasser
Hefe
Früchte säubern und in einem großen Gefäß mit kochendem Wasser übergießen. Ansatz etwa eine Woche lang stehen lassen, dabei aber täglich umrühren. Anschießend abgießen, geriebene Zitronen- bzw. Orangenschale, Zucker und ausgepreßten Saft zugeben. Hefe anstellen und zufügen, 1–2 Tage gären lassen, dann in Gärballon umfüllen und Nachgärung abwarten. Unter Umständen ist eine Nachbehandlung dieses Weins erforderlich, da er sehr leicht zu Trübungen neigt.

Weißdorn-Gelee
1 kg Weißdorn-Früchte
Zitronensaft
½ Liter Wasser
Zucker
Stiele sorgfältig von den Früchten abtrennen. Früchte mit Zitronensaft und etwas Wasser langsam erhitzen und zum Kochen bringen, anschließend noch 45 Min. kräftig erhitzen, dabei von Zeit zu Zeit umrühren. Fruchtmasse in einen Tuchbeutel füllen und über Nacht Saft ablaufen lassen. Saftmenge messen und pro Liter etwa 800–900 g Zucker zugeben, gründlich auflösen und kochen, bis der Erstarrungspunkt erreicht ist (Löffelprobe). Anschließend in saubere, heiß gespülte Gläser einfüllen und verschließen. Dieses Gelee wird wegen des Pektinreichtums der Früchte sehr steif und schnittfest ausfallen.

Purpurfleckender Klumpfuß (*Cortinarius purpurascens*). Aufnahme 20. Oktober.

Hallimasch (*Armillaria mellea*). Aufnahme 21. Oktober.

Orangeroter Becherling (*Aleuria aurantia*) wächst meist auf nackten Böden. Aufnahme 5. November.

Hallimasch *Armillaria mellea* (VAHL. EX FR.) KUMMER
Fam. Ritterpilze (*Tricholomataceae*)
Hut 3–15 cm breit, sehr variabel, anfangs gewölbt, später stärker abgeflacht, etwas wellig und eingedellt, ockergelb, blaßbraun oder dunkelbraun, oft leicht olivbraun, in der Hutmitte mit dunkleren Schuppen. Stiel 60–150 × 5–15 mm, zur Basis etwas verdickt, oben weißlich, sonst rötlich-braun, anfangs mit dickfilzigem Ring. Fleisch weiß, Geschmack etwas zusammenziehend, Geruch streng. Lamellen weiß bis gelblich, später auch rötlich-braun. Sporenpulver blaß cremefarben. Meist gesellig in dichten Büscheln auf Baumstümpfen, Wurzeln oder auch lebendem Holz. Wichtiger Holzschadpilz. Im rohen Zustand meist schwach giftig oder unverträglich, nach dem Kochen jedoch eßbar. Fruchtkörper IX–XI.

Purpurfleckender Klumpfuß *Cortinarius purpurascens* FR.
Fam. Schleierpilze (*Cortinariaceae*)
Hut 5–15 cm breit, anfangs halbkugelig, später flacher und bucklig, lederbraun bis dunkel braungrau, oft auch etwas violett. Stiel 50–120 × 15–25 mm, braunviolett, zur Basis hin etwas blasser. Fleisch violett, nach dem Anschneiden bald purpurrot. Geschmack und Geruch mild. Lamellen meist violett. Zerstreut in Laubwäldern. Gilt vielerorts als ungenießbar, ist jedoch ungiftig und einen Versuch wert. Fruchtkörper IX–X.

Nelkenschwindling *Marasmius oreades* (BOLT. EX FR.) FR.
Fam. Ritterpilze (*Tricholomataceae*)
Hut 2–5 cm breit, gewölbt bis flach ausgebreitet, mit breitem Buckel, lederbraun bis hellbräunlich. Stiel 20–100 × 3–5 mm, weißlich, etwas zäh. Fleisch weißlich. Geruch schwach nach Bittermandeln. Lamellen weiß, später ockerfarben-gelblich, weitständig. Oft in Ringen auf Wiesen oder Waldlichtungen. Guter Speisepilz, jedoch Verwechslungsgefahr mit dem stark giftigen Wiesentrichterling (*Clitocybe rivulosa*) möglich! Fruchtkörper V–XII.

Orangeroter Becherling *Aleuria aurantia* (FR.) FUCKEL
Fam. Schüsselbecherlinge (*Humariaceae*)
Fruchtkörper becherförmig, bis 10 cm breit, leuchtend gelborange, außen blasser, fein samtig. Fleisch weißlich, dünn und spröde. Meist gesellig auf Rohböden oder an Wegrändern. Gilt als ungenießbar, ist jedoch ungiftig.

Paprika mit Pilzfüllung
225 g Rumpsteak, fein geschnitten
4 grüne Paprika, ausgehöhlt
1 Zwiebel, fein gehackt
100 g Nelkenschwindlinge
½ TL Kräutermischung
Zwiebel und Fleisch in Öl anbraten, würzen und zerkleinerte Pilze zufügen. Mischung in die Paprika füllen und bei 180 °C ca. 1 Stunde backen.

Mit Nelkenschwindlingen (*Marasmius oreades*) läßt sich eine delikate Paprikafüllung zubereiten. Aufnahme 29. September.

Hagebutten-Suppe und Hagebutten-Sirup. Aufnahme 14. Oktober.

Hecken-Rose (*Rosa canina*). Aufnahme 14. Oktober.

Die Kartoffel-Rose (*Rosa rugosa*) hat besonders große, sehr angenehm schmeckende Hagebutten. Aufnahme 30. September.

Hunds-Rose, Hecken-Rose *Rosa canina* L.
Fam. Rosengewächse (*Rosaceae*)
Sommergrüner, laubwerfender Strauch bis etwa 3 m Höhe mit aufrechten oder bogig überhängenden Zweigen, diese mit langen, kräftigen, zurückgekrümmten Stacheln (keine Dornen!) besetzt. Blätter wechselständig, unpaarig gefiedert, mit meist 2–3 Fiederpaaren. Spindel und Stielchen häufig ebenfalls mit kleineren Stacheln besetzt. Blättchen bis 4 cm lang, verkehrt-eiförmig bis oval, gezähnt, überwiegend kahl oder wenig behaart. Blüten einzeln, seltener auch zu mehreren, kurz gestielt, radiär, Kelchblätter 5, meist stark zurückgeschlagen, spitzzipflig, fallen noch vor der Fruchtreife ab. Kronblätter 5, radförmig ausgebreitet, bis 25 mm lang, weiß oder hellrosa. Griffel kahl oder behaart. Vielsamige Scheinfrucht (= Hagebutte), diese zur Reifezeit scharlachrot. Sehr vitaminreich (Vitamin C und Provitamin A). Ziemlich häufig und weit verbreitet in lichten Wäldern, in Hecken und Gebüschen, meist an etwas trokkeneren, sonnigen Stellen. Blüten VI. Hagebutten ab VIII.
Diese Art gehört zu den häufigsten einheimischen Wildrosen, von denen es insgesamt über 20, zum Teil nur schwer unterscheidbare Arten gibt. Von allen Arten sind die Hagebutten verwertbar. Besonders lohnend ist die Ernte bei der

Kartoffel-Rose, Runzel-Rose *Rosa rugosa* THUNB.
Fam. Rosengewächse (*Rosaceae*)
Strauch mit dicht verzweigten Ästen. Ästen und Zweige allseits mit dichten, borstigen Stacheln besetzt, diese gerade und ziemlich lang. Blätter unpaarig gefiedert. Fiederblättchen oberseits dunkelgrün, runzlig, grob gezähnt, unterseits graugrün und behaart. Blüten sehr groß, bis 8 cm breit, meist einzeln. Kronblätter weiß oder dunkelrosa bis hellpurpurn, vorne etwas ausgerandet. Hagebutte sehr groß, annähernd kugelig, bis 3 cm breit. Ursprünglich nur in Ostasien. Häufig angepflanzt und vielerorts auch schon verwildert. Besonders häufig im Küstenbereich. Blüten VI–VIII. Früchte ab VIII.

Schwedische Nyponsoppa (6 Portionen)
½ Liter Hagebutten
100 g Zucker
25 g Mandelstifte
1 EL Kartoffelmehl
Hagebutten abwaschen, aufschneiden und Samen restlos entfernen. In Wasser weich kochen (etwa 2 Stunden), dabei ab und zu umrühren. Anschließend Zucker und Kartoffelmehl zugeben, etwas Wasser auffüllen und erneut aufkochen. Mandeln in Stifte schneiden und zur Dekoration verwenden. Diese Fruchtsuppe wird in Schweden gerne im Winter aus getrockneten Hagebutten zubereitet.

Hagebutten-Sirup
1 kg Hagebutten
3 Liter Wasser
450 g Zucker
Hagebutten aufschneiden und Samen entfernen. Früchte in kochendes Wasser geben, kurz aufkochen lassen und etwa 15 Min. darin belassen. Dann in einen Tuchbeutel füllen und Saft abtropfen lassen. Fruchtmasse anschließend erneut mit Wasser erhitzen und nochmals abtropfen lassen. Saft in Kochtopf geben, Zucker auflösen, erneut aufkochen und nach kurzem Abkühlen in saubere Flaschen füllen. Diese mit sterilen Korken (vorher etwa 15 Min. kochen) verschließen.

Hagebutten-Wein
1 kg Hagebutten
1 kg Zucker
Saft 1 Zitrone
Saft 1 Orange
4,5 Liter Wasser
Hefe
Hagebutten aufschneiden und Samen entfernen. Zerkleinerte Früchte in ein großes Gefäß geben und mit kochendem Wasser übergießen. Früchte zu einem Brei verrühren. Ansatz 3 Tage lang stehen lassen, täglich umrühren, anschließend über einen Tuchbeutel abgießen bzw. abtropfen lassen. Zucker auflösen, Hefe anstellen und in einem Gärballon die Gärung einleiten. Mit Gäraufsatz verschließen. Nach dem Klaren der Flüssigkeit abziehen und in ein neues Gefäß umfüllen, darin weitere 3 Monate reifen lassen. Schließlich auf Flaschen füllen. Hagebuttenwein verbessert sich, wenn er noch eine Weile in den Flaschen aufgehoben wird.

Kernles-Tee
Für alle vorherigen Rezepte benötigt man nur die Schalen der Hagebutten, d.h. aber nicht, daß die Kerne weggeworfen werden sollen. Aus diesen Hagebuttenkernen läßt sich ein sehr wohlschmeckender Tee mit feinem Vanille-Geschmack zubereiten. 2 EL Kerne mit ½ Liter Wasser über Nacht kalt ansetzen, danach aufkochen lassen.

Muscheln mit Pilzsauce. Aufnahme 8. September.

Wiesenchampignon, Feldegerling *Agaricus campestris* L. EX FR. Fam. Edelpilze (*Agaricaceae*)
Hut 3–10 cm breit, meist immer stärker bis halbkugelig gewölbt, erst sehr spät in der Entwicklung weit ausgebreitet, weiß oder weißlich, mitunter auch leicht cremefarben, schuppig oder völlig glatt. Stiel 30–100 × 10–15 mm, weiß, zuweilen auch weißlich-cremefarben oder gelblich. Am Grunde etwas verschmälert, mit dünnem, hinfälligem Stielring. Stengelbasis auf jeden Fall ohne Stielknolle. Fleisch weiß, besonders oberhalb der Lamellen nach dem Anschneiden hellrosa verfärbend. Geruch und Geschmack angenehm, mild und etwas pilzig. Lamellen auch an sehr jungen Exemplaren immer dunkelrosa, niemals weiß, später dunkelbraun. Sporenpulver braun oder schokoladenbraun. Mitunter sehr häufig auf Wiesen, Feldern, an Feldwegen oder auch in Gärten. Sehr schmackhafter, wertvoller Speisepilz, offenbar jedoch im Rückgang begriffen. Fruchtkörper VII–IX.
Wiesenchampignons kann man auch roh für verschiedene Salate, Suppen und Saucen verwenden. Daneben gibt es aber auch noch eine Reihe weiterer, sehr empfehlenswerter Rezepte, so etwa:

Champignons in Milch (4 Portionen)
1 kg Champignons, in Scheiben geschnitten
1 Liter Milch
2 Zwiebeln, fein gehackt
etwas Thymian
etwas Mehl
Pfeffer, Salz
Butter
Zwiebeln und Pilze in Butter leicht dünsten. Milch hinzurühren und die Mischung langsam zum Kochen bringen. Kräuter und Gewürze zugeben und bei mäßiger Hitze etwa 1 Stunde lang garen. Flüssigkeit anschließend mit Mehl etwas andicken, eventuell noch nachwürzen und mit Croûtons servieren.

Pilgermuscheln mit Pilzsauce (4 Portionen)
8 Muscheln
200 g Champignons, in Scheiben geschnitten
1 Eigelb
Paniermehl
Butter
Weißwein
Mehl
Knoblauch, Thymian
Pfeffer, Salz
Muscheln in Paniermehl wälzen und in Butter etwa 5 Min. lang anbraten. Pilze in Butter kurz anbraten. Erhaltene Flüssigkeiten abgießen und mit Mehl zu einer Paste anrühren, anschließend etwas würzen und mit Wein flüssig halten, dann leicht geschlagenes Eigelb zugeben, 4 Min. lang erhitzen, Pilze einrühren, weitere 4 Min. erhitzen. Muscheln auf den leeren Muschelschalen arrangieren und mit der Pilzsauce übergießen. Mit Thymian bestreuen und im Grill kurz überbacken. Heiß servieren.

Champignons-Croustarde
Teig:
100 g Brotkrumen (weich)
100 g gemahlene Mandeln oder Nüsse
50 g Butter
100 g geraspelte Mandeln, Pinienkerne oder Haselnüsse
½ TL Gewürzkräuter

Agaricus bisporus ist die Stammform der zahlreichen Kultur-Champignons. Aufnahme 16. Oktober.

Beim Großer Waldegerling (*Agaricus langei*) Aufnahme 5. September.

Beim Dünnfleischigen Anis-Champignon (*Agaricus silvicolus*) verfärbt sich das Fleisch gelblich. Aufnahme 15. Oktober.

Füllung:
450 g Champignons, in Scheiben geschnitten
50 g Butter
½ Liter Milch
2 EL Mehl
4 Tomaten, in Scheiben
Salz, Pfeffer, Muskat, Knoblauch
Petersilie, fein gehackt

Brotkrumen, Nüsse bzw. Mandeln und Butter miteinander verkneten. Übrige Zutaten zugeben, in eine feuerfeste Form füllen (Lage etwa 1–1,5 cm hoch) und bei 230 °C etwa 15 Min. im Ofen ausbacken.
Pilze in Butter andünsten, Mehl einrühren und Milch zugeben. Erneut erhitzen, bis die Mischung dick wird, dann Gewürze zufügen. Mischung auf die Croustarde geben, Tomatenscheiben auflegen, im Ofen nochmals 10–15 Min. überbacken und mit frischer Petersilie garnieren.

Ähnlich wie der Wiesenchampignon oder die Kultur-Champignons können auch die folgenden Arten verwendet werden:

Großer Waldegerling *Agaricus langei* (MØLL.) MØLL.
Fam. Edelpilze (*Agaricaceae*)
Hut 4–12 cm breit, anfangs halbkugelig gewölbt, später flacher ausgebreitet, mit zahlreichen, sehr feinen, faserigen Schuppen bedeckt, weißlich bis hellrötlich. Stiel 30–120 × 15–30 mm, weißlich oder leicht rosa überlaufen, unterhalb des Stielringes flockig. Fleisch anfangs weiß, nach dem Anschneiden rötlich bis rot. Geruch und Geschmack angenehm pilzig. Lamellen zunächst blaßrosa, später dunkler rosa und zuletzt braunschwarz. Sporenpulver purpurbraun. Meist in Nadelforsten oder Nadelwäldern. Guter Speisepilz. Fruchtkörper VIII–X.

Anischampignon *Agaricus arvensis SCHAEFF. EX SECR.*
Fam. Edelpilze (Agaricaceae)
Hut 8–20 cm breit, anfangs noch kugelig, später flacher und zuletzt flach ausgebreitet, cremeweiß, bei Verletzung und im Alter jedoch deutlich gelblich. Stiel 80–100 × 20–30 mm, am Grunde oft etwas keulig verdickt, von der gleichen Färbung wie der Hut. Stielring doppelt, häutig; unterer Ringteil bald in eine strahlige Manschette aufbrechend. Fleisch ziemlich dick, weiß. Geruch stark nach Anis, Geschmack angenehm. Lamellen schmutzigrosa und zuletzt schokoladenbraun. In humusreichen Wäldern, in wärmeren Gebieten in Fichtenbeständen.
Sieht auch dem Giftchampignon recht ähnlich. Guter Speisepilz. Fruchtkörper etwa VI–X.
Achtung: Verwechslungsgefahr mit dem tödlich giftigen Grünen Knollenblätterpilz!

Riesenegerling *Agaricus augustus* FR.
Fam. Edelpilze (*Agaricaceae*)
Hut 10–20 cm breit, anfangs noch eiförmig, später etwas flacher, aber immer kugelig, weißlich, mit kastanien- oder rostbraunen Faserschuppen bedeckt. Stiel 100–200 × 20–40 mm, weißlich, mit kleinen, anliegenden Schuppen unterhalb des Ringes, bei älteren Exemplaren braun verfärbt, an Druckstellen oder nach Verletzung gelblich. Stielring häutig, auffallend groß, meist herabhängend. Fleisch weiß, dick, Geruch nach Bittermandeln, Geschmack ange-

Champignons-Croustarde. Aufnahme 5. September.

nehm pilzig. Lamellen hellbraun bis schokoladenbraun. Sporenpulver purpurbraun. Sehr schmackhafter Speisepilz. Nur in wärmeren Gebieten an Waldrändern von Laub- und Nadelbeständen. Fruchtkörper VII–IX.

Dünnfleischiger Anisegerling *Agaricus silvicola* (VITT.) PECK. Fam. Edelpilze (*Agaricaceae*)
Hut 5–10 cm breit, meist flach gewölbt, nicht sehr kugelig, aber deutlich gebuckelt, cremefarben, an Druck- und Schadstellen sofort braungelb anlaufend, im Alter dunkler gelblich ausgefärbt. Stiel 50–80 × 10–15 mm, von der Färbung des Hutes, am Grunde meist etwas knollig verdickt (aber nicht tütig!). Stielring groß, röckchenartig. Fleisch weiß, dünn. Geschmack angenehm. Geruch nach Anis. Lamellen blaß graurosa, zuletzt schokoladenbraun. Meist gesellig in Laub- und Nadelgehölzen. Fruchtkörper VII–IX. Dem Anischampignon sehr ähnlich.

Echter Waldchampignon *Agaricus silvaticus* SCHAEFF. EX SECR. Fam. Edelpilze (*Agaricaceae*)
Hut 5–10 cm breit, meist gewölbt, breit glockenförmig oder wenig flacher, über hell cremefarbenem Untergrund dicht mit anliegenden, bräunlichen, faserigen Schuppen besetzt. Stiel 50–80 × 10–12 mm, weißlich bis schmutzigbraun oder erdfarben, unterhalb des Ringes meist mit Schuppen. Fleisch weiß, nach dem Anschneiden jedoch rötlich, später auch bräunlich verfärbend. Geruch und Geschmack unauffällig nach Pilzen. Lamellen anfangs leicht rötlich, zuletzt schokoladenbraun. Verbreitet bis zerstreut in Fichtenbeständen. Sehr schmackhafter Speisepilz. Fruchtkörper etwa VII–X.

Champignons in Blätterteig (4 Portionen)
450 g Champignons, in Scheiben geschnitten
2 Eigelb
Blätterteig (Tiefkühlteig)
Mehl
Paniermehl
Fleischbrühe
Salz, Pfeffer
Pilze mit Fleischbrühe bedecken und etwa 30 Min. lang garen, dabei die Flüssigkeit etwas verdampfen lassen, zuletzt mit Mehl andicken, Pfeffer zugeben, Eigelb einrühren und gründlich vermischen. In der Zwischenzeit Blätterteig dünn ausrollen, in eine Form geben, Pilzfüllung darüber gießen, mit Paniermehl bestreuen und 30 Min. lang im Ofen bei 200 °C ausbacken.

Maronen eignen sich für verschiedene, sehr delikate Zubereitungen. Aufnahme 27. Oktober.

Eß-Kastanie *Castanea sativa* MILLER
Fam. Buchengewächse (*Fagaceae*)
Großer, ansehnlicher Baum bis etwa 30 m Höhe mit hoher gewölbter Krone von rundlichem Umriß. Rinde anfangs silbergrau, glatt, später dunkler bräunlich und mit einem dichten Netzwerk von Furchen und Leisten überzogen. Untere Äste sehr stark, abstehend. Obere Äste aufsteigend. Knospen eiförmig, stumpf, rotbraun. Blätter 10–25 cm lang, länglich-lanzettlich, spitz, am Grunde undeutlich herzförmig oder keilförmig verschmälert, ziemlich derb, dornig gezähnt, oberseits dunkelgrün, unterseits heller, etwas glänzend, beidseits etwa 20 Seitennerven. Blattstiel um 25 mm lang. Blüten eingeschlechtig, beide auf dem gleichen Baum (einhäusig). Männliche Kätzchen blaßgelb, ziemlich lang, etwa 10–20 cm, blattachselständig. Weibliche Blüten zu mehreren an der Basis der männlichen Kätzchen, mit je 7–9 weißen Griffeln. Früchte (= Nußfrucht) zu 2–3 in einer 4klappigen Fruchthülle, diese außen sehr stachelig. Ursprünglich nur im Mittelmeergebiet. Seit der Römerzeit jedoch auch in Mitteleuropa. Häufig angepflanzt und stellenweise auch verwildert.
Geröstete Eß-Kastanien (Maronen) gehören zum üblichen Bild von Weihnachtsmärkten und langen Winterabenden. Vor der Zubereitung der delikaten Nußfrüchte sollte die Schale mit einer Gabel oder einem Messer etwas geschlitzt werden, da sich sonst ein unerwartetes „Zimmerfeuerwerk“ entwickelt.

Maronenfüllung für Geflügel
900 g Eß-Kastanien
etwas Geflügelleber, klein gehackt
700 g Hackfleisch
75 g Butter
1 Zwiebel, fein gehackt
1 Glas Brandy
Salz, Pfeffer
Eß-Kastanien kurz schlitzen, dann im vorgeheizten Ofen erhitzen, nach einigen Minuten schälen und enthäuten. In Wasser etwa 15 Min kochen, bis sie weich geworden sind. Anschließend pürieren, Geflügelleber und Hackfleisch zugeben, gründlich mischen, nach Geschmack würzen. Zwiebel in Butter andünsten, Brandy zugießen, gründlich mischen und unter die Fleisch-Maronen-Mischung rühren.

Maronen-Glacé
Maronen nach Anschlitzen im Ofen kurz erhitzen, dann Schale und Haut entfernen und im Wasser etwa 20 Min. garen. Wasser abgießen, Maronen mit Zuckersirup bedecken, etwa 1 Stunde bei mäßiger Hitze stehen lassen, dick mit Zucker bestreuen und im Ofen ein paar Minuten lang erhitzen. Anschließend mit etwas Zitronensaft begießen und Puderzucker aufstreuen.

Maronen-Suppe (4 Portionen)
450 g Maronen
½ Liter Milch
1 Zwiebel, fein gehackt
¼ Liter Fleischbrühe
2 TL Olivenöl
½ TL Muskat
1 TL Pfeffer
Maronen in Wasser eine halbe Stunde lang kochen, dann schälen und häuten, anschließend pürieren. Zwiebel in Öl kurz anbräunen, Fleischbrühe zugeben, Maronenpüree einrühren und bis zum Eindicken erhitzen. Milch zur Hälfte zugeben, kräftig umrühren, dann restliche Milch einrühren und mäßig erhitzen. Zuletzt Gewürze nach Geschmack zugeben und nochmals etwa 15–30 Min. lang kochen.

Maronen-Mehl
Reife Eß-Kastanien in einem trockenen, warmen Raum etwa 6 Wochen aufbewahren. Nach dem Trocknen schälen

Bucheckern, die kantigen Nußfrüchte der Rot-Buche (*Fagus sylvatica*), fallen nicht in jedem Jahr in solchen Mengen an. Aufnahme 5 .Oktober.

Eicheln werden heute kaum noch gesammelt. Interessant ist es, Eicheln einzupflanzen und zu Hause die Keimung der jungen Eichen zu beobachten. Aufnahme 20. Oktober.

und häuten, anschließend fein zerstoßen oder mahlen. Das erhaltene Mehl ist gelblich gefärbt und ziemlich schwer. Vor der Verwendung sollte es halb und halb mit leichtem Weizenauszugsmehl vermischt werden. Auf diese Weise wird in Korsika überall Maronenmehl hergestellt, da gerade im nördlichen Mittelmeergebiet Eß-Kastanien recht häufig sind.

Maronen-Krapfen
225 g Maronen-Mehl
225 g Weizenmehl
Öl, Wasser, Salz
Die beiden Mehle gründlich vermischen und etwas Salz hinzugeben. Mit Wasser zu einem pfannkuchenähnlichen Teig verrühren. Öl erhitzen, Teig löffelweise einfüllen und ausbacken. Mit etwas Zucker bestreuen und heiß servieren.

Maronen-Gebäck
250 g Maronen-Mehl
250 g Weizenmehl
6 Eier
2 Becher Joghurt
5 TL Backpulver
100 g Rosinen, etwas Rum
100 g Zucker
5 EL Öl (kein Oliven-Öl)
Zitronat, Salz
Rosinen in Rum einweichen. Mehl zusammensieben, Zucker, Backpulver und Salz zugeben und gründlich durchmischen. Eier, Joghurt und Öl einmischen, gründlich verrühren, so daß ein glatter Teig entsteht. Zuletzt Rosinen (ohne Rum) und Zitronat hinzugeben, in eine Form füllen und etwa 45 Min. bei mittlerer Hitze (etwa 190 °C) backen. Dieser Kuchen wird besonders gerne auf Korsika und Sardinien gebacken und gehört dort zu den traditionellen Zubereitungen mit Maronen-Mehl.

Stiel-Eiche *Quercus robur* L.
Fam. Buchengewächse (*Fagaceae*)
Die Beschreibung dieser Art finden Sie auf S. 67. Ähnlich verwendbar ist die

Trauben-Eiche *Quercus petraea* (MATT.) LIEBL.
Fam. Buchengewächse (*Fagaceae*)
Sommergrüner Baum bis etwa 40 m Höhe mit breiter, gewölbter Krone auf ziemlich geradem Stamm. Rinde grau, mit feinen Rissen und Furchen. Äste im Unterschied zur Stiel-Eiche ziemlich gerade, aufwärts abgehend. Junge Zweige kahl, dunkelpurpurn. Blätter bis 12 cm lang und etwa 5 cm breit, verkehrt-eiförmig, am Grunde keilförmig verschmälert, ziemlich regelmäßig in 5–9 Paar rundliche Lappen geteilt, oberseits dunkelgrün, matt. Eicheln zu 2–6 in Gruppen zusammen, sehr kurz oder nicht gestielt. Wichtiger Waldbaum auf leichten, sandigen Böden des Hügellandes. In Europa weit verbreitet. Blüten V. Eicheln etwa ab X.
Eicheln wurden früher als Viehfutter häufig gesammelt. Zeitweise kamen sie auch als Kaffee-Ersatz in Mode. Sie enthalten große Mengen Gerbstoffe und schmecken roh sehr bitter und gallig. Um aus den Früchten einen einigermaßen annehmbaren Kaffee-Ersatz herzustellen, kann man nach folgendem Rezept verfahren:
Eicheln etwa 15 Min. lang aufkochen, dann schälen und trocknen. Anschließend in einer Kaffeemühle zerkleinern und im Ofen rösten, bis sich eine schöne kaffeebraune Färbung einstellt. Zum Aufgießen etwa 1½ TL pro Tasse überbrühen. Das Getränk hat mit Kaffee keinerlei geschmackliche Ähnlichkeit, ist aber dennoch einen Versuch wert.

Rot-Buche *Fagus sylvatica* L.
Fam. Buchengewächse (*Fagaceae*)
Die Beschreibung dieser Art finden Sie auf S. 67.
Bekannter als die schon angegebenen Rotbuchen-Rezepte ist die Verwendung der Bucheckern, jener 3kantigen, bis fast 2 cm langen Nußfrüchte, die jedoch nicht in jedem Jahr entwickelt werden, während sie in anderen Jahren in unglaublichen Mengen zur Verfügung stehen. Bucheckern wurden zeitweise wie Eicheln als Kaffee-Ersatz verwendet, doch ist das Schälen der relativ kleinen Nußfrüchte recht mühsam. Sie enthalten jedoch 17–20% eines nicht-trocknenden Öls, das zu Speisezwecken verwendet werden kann, wenn die gesammelten Bucheckern kalt und nicht zu kräftig abgepreßt werden. Bucheckern-Öl wurde anstelle von Petroleum auch in der Lampe verbrannt.

Sommertrüffeln (*Tuber aestivum*). Aufnahme 13. Oktober.

Périgord-Trüffel (*Tuber melanosporum*). Aufnahme 5. November.

Magnaten-Trüffeln (*Tuber magnatum*). Aufnahme 8. November.

Herbst-Lorchel (*Helvella crispa*). Aufnahme 13. Oktober.

Sommertrüffel *Tuber aestivum* VITT.
Fam. Trüffelpilze (*Tuberaceae*)
Fruchtkörper 3–7 cm breit, kugelig-knollig, schwarzbraun, stark warzig oder bucklig. Fleisch weißlich, später graubraun marmoriert. Geschmack sehr angenehm nach Nüssen, Geruch süßlich. Ziemlich seltener Pilz. Meist unmittelbar unter der Bodenoberfläche in Kalkbuchenwäldern, vorwiegend in wärmeren Gebieten. In Deutschland kaum anzutreffen. Wertvoller Speisepilz. Fruchtkörper VIII–XI.
Trüffel werden in den Gegenden, in denen sie häufiger vorkommen, mit Schweinen oder Hunden gesucht. Die Schweine können mit ihrer empfindlichen Nase die Stellen aufspüren, an denen die Pilze wachsen, wühlen den Boden etwas auf und zeigen somit an, wo man gezielter nachgraben müßte. Erst seit wenigen Jahren ist bekannt, daß der starke Trüffelduft auf die Tiere wie ein Pheromon wirkt und zu den am stärksten wirksamen Substanzen gehört, die außerhalb des Tierreiches vorkommen. Pheromone sind Signalstoffe, die in hoher Verdünnung artspezifisch die Geschlechtspartner zusammenführen. Sie wurden am Beispiel von Schmetterlingen entdeckt, scheinen aber unter den Organismen sehr weit verbreitet zu sein. Chemisch muß der Duftstoff der Trüffeln den Lockstoffen von Schweinen oder Hunden sehr ähnlich sein, denn die Tiere sprechen recht spezifisch darauf an.

Périgord-Trüffel *Tuber melanosporum* VITT.
Fam. Trüffelpilze (*Tuberaceae*)
Fruchtkörper 3–6 cm breit, selten noch dicker, rundlich-knollenförmig, schwarzbraun bis rußig, mit kleinen, pyramidenförmigen Warzen besetzt. Fruchtmasse verfärbt sich nach dem Anschneiden sehr rasch violettschwarz, bleibt aber zunächst von weißen, später heller bräunlichen Adern durchzogen. Geruch sehr stark aromatisch. Sporen stachelig, schwarz. Ziemlich selten und nur in wärmeren Gegenden unter verschiedenen Laubbäumen auf kalkhaltigem Boden. Fruchtkörper VI–XI. Ausgezeichneter Gewürzpilz.

Magnaten-Trüffel *Tuber magnatum* (PICO) VITT.
Fam. Trüffelpilze (*Tuberaceae*)
Fruchtkörper 2–8 cm breit, kugelig-knollig, sehr unregelmäßig geformt, grubig, eingedellt, ockerfarben oder blaßgelblich. Fruchtmasse mit reich verzweigtem Adernetz, hell gelblich bis weißlich oder auch leicht rötlich. Geruch nach Knoblauch oder scharfem Käse. Kommt nur südlich der Alpen vor. Wächst vereinzelt im Boden eingegraben unter Eichen, Pappeln und Weiden. Fruchtkörper etwa VII–XI.

Bunte Schleimtrüffel *Melanogaster variegatus* (VITT.) TUL.
Fam. Schleimtrüffel (*Melanogastraceae*)
Fruchtkörper etwa 2–4 cm breit, knollenförmig, an der Oberfläche unregelmäßig-bucklig, anfangs gelblich, später rostfarben-ocker, an Druckstellen bräunend, am Grunde mit zahlreichen Mycelsträngen. Fruchtmasse im Anschnitt gelblichbraun, später schwarz, glänzend, saftig, vielkammerig, von starkem, aromatischem Duft, erinnert an Moschus. Vereinzelt bis zerstreut in Laubmischwäldern im Humus. Keine echte Trüffel, diesen Pilzen aber sehr ähnlich und genauso verwendet. Fruchtkörper VI–X.

Stoppelpilze (*Hydnum repandum*) flambiert – ein ungewöhnliches Pilzgericht. Aufnahme 21. Oktober.

Trüffel im Schlafrock

Trüffeln (so viele wie möglich!)
Speck- oder Schinken-Streifen
Blätterteig (Tiefkühlteig)
1 Eigelb

Trüffeln in Speck- oder Schinkenstreifen einwickeln. Blätterteig dünn ausrollen, in Quadrate von etwa 10 cm Seitenlänge schneiden und Schinken-Trüffel darin einpacken. Oberseite mit Eigelb bestreichen. Im Ofen ausbacken, bis der Teig eine goldbraune Färbung angenommen hat.

Herbst-Lorchel *Helvella crispa* FR.
Fam. Lorcheln (*Helvellaceae*)
Hutteil etwa 2–5 cm hoch, sattelförmig, aus 2–4 tief gelappten, unregelmäßigen, gewellten und gefalteten Teilen bestehend, diese am Rand aufgebogen und etwas hoch geschlagen, unterseits weißlich, oberseits hell-lederfarben bis bräunlich. Stielteil 20–60 × 10–25 mm, hohl, tief gefurcht und mitunter stärker faltig, weißlich, immer heller als der Hutteil. Verbreitet oder zerstreut an Wegrändern oder entlang von Gräben in feuchten Wäldern. Eßbar. Fruchtkörper meist VIII–XI, selten auch schon V.

Semmel-Stoppelpilz *Hydnum repandum* L. EX FR.
Fam. Stachelpilze (*Dentinaceae*)
Hut 3–15 cm breit, anfangs noch stärker gewölbt, später flach ausgebreitet und in der Mitte etwas eingedellt, überwiegend ziemlich eben, samtig bis wildlederartig, cremefarben, gelblich oder auch blaß rosa. Stiel 35–75 × 15–40 mm, häufig etwas aus der Mitte gerückt und asymmetrisch mit dem Hut verbunden, zylindrisch, fein samtig, weiß, an Druck- und Schadstellen gelblich, besonders am Grunde. Geschmack anfangs mild, nach einigen Sekunden recht bitter. Geruch angenehm. Stacheln 2–6 mm lang, weißlich bis lachsrosa. Meist gesellig in Laub- oder Nadelbeständen. Guter Speisepilz, muß jedoch lange und gründlich gekocht werden. Fruchtkörper VIII–XI.

Flambierte Stoppelpilze

750 g Stoppelpilze
225 g Schalotten, fein gehackt
Calvados
Sahne
Butter
Paprika, Pfeffer, Salz

Geflügelpastete mit Rötelritterlingen, eines der besten Rezepte für diese häufigen Speisepilze. Aufnahme 15. November.

Pilze gründlich reinigen, blanchieren. Nicht schälen oder abhäuten, jedoch die Stielbasis verwerfen. Schalotten, in Butter kurz anbräunen, Gewürze zugeben und nochmals einige Minuten erhitzen. Pilze zugeben, etwa 10 Min. lang garen. Kurz vor dem Servieren Sahne zugeben. Etwas vorgewärmten Calvados darüber gießen und beim Servieren anzünden.

Violetter Rötelritterling *Lepista nuda* (BULL. EX FR.) COOKE
Fam. Ritterpilze (*Tricholomataceae*)
Hut 6–12 cm breit, flach gewölbt, später eingedellt und ziemlich unregelmäßig gelappt oder eingerissen, gewellt, anfangs blaulila, später zunehmend bräunlich, im trockenen Zustand immer etwas heller. Stiel 50–90 × 15–25 mm, am Grunde meist leicht knollig verdickt, faserig, bläulich-lila bis blau-weißlich. Fleisch dick, bläulich. Geruch und Geschmack aromatisch, recht angenehm. Lamellen ziemlich dicht stehend, anfangs von der gleichen Färbung wie der Hut, später etwas verblassend oder bleich lederfarben. Sporenpulver blaßrosa. Oft in großen Ringen in humusreichen Laubwäldern oder auch in Fichtengehölzen. Nur die jungen Exemplare gelten als ausgezeichnete Speisepilze. Fruchtkörper IX–XII.

Zweifarbener Rötelritterling *Lepista saeva* (FR.) ORTON
Fam. Ritterpilze (*Tricholomataceae*)
Hut 6–10 cm breit, anfangs noch gewölbt, später zunehmend flacher ausgebreitet, eingedellt, bisweilen unregelmäßig verbogen, am Rande wellig, blaß braun oder schmutzigbraun. Stiel 30–60 × 15–25 mm, am Grunde deutlich verdickt oder angeschwollen, netzfaserig, blaulila. Fleisch ziemlich dick, weißlich bis fleischfarben. Geruch und Geschmack aromatisch, angenehm. Lamellen ziemlich dicht, weißlich bis blaß rötlich. Sporenpulver blaßrosa. Vor allem in wärmeren Gebieten auf Wiesen, Weiden oder an Waldrändern, nur an lichten Stellen. Guter Speisepilz. Fruchtkörper IX–XI.

Geflügelpastete mit Rötelritterlingen
450 g gekochtes Hühnerfleisch
350 g Rötelritterlinge
½ Liter weiße Sauce
100 g Blätterteig (Tiefkühlteig)
gemischte Kräuter, fein gehackt
Pfeffer, Salz
Weiße Sauce zubereiten und mit Kräutern nach Geschmack würzen. Pilze reinigen, zerkleinern und zusammen

Zweifarbener Rötelritterling (*Lepista saeva*). Aufnahme 4. November.

Trompeten-Pfifferling (*Cantharellus infundibuliformis*). Aufnahme 8. Oktober

Herbst-Trompete (*Craterellus cornucopioides*), einer der besten Würzpilze. Aufnahme 20. Oktober.

mit dem zerkleinerten Geflügelfleisch in eine ofenfeste Form geben. Teig ausrollen und über die Mischung breiten. Bei etwa 200 °C im vorgeheizten Ofen ausbacken, bis der Teig goldbraun geworden ist.

Pilz-Omelette mit Rötelritterling
100 g Rötelritterlinge
1 kleine Zwiebel, fein gehackt
3 EL Milch
1 EL Mehl
2 Eier
Pfeffer, Salz
geriebener Käse
Zwiebel und zerkleinerte Pilze getrennt in Butter andünsten. Mit etwas Mehl und Milch andicken, bis eine helle Sauce entstanden ist, würzen und warm halten. Aus den Eiern ein Omelette zubereiten, kurz vor dem Servieren die Pilzmischung einfüllen, überklappen, mit geriebenem Käse bestreuen und nochmals kurz erhitzen. Der Käse sollte nur leicht schmelzen, aber nicht bräunen.

Herbst-Trompete *Craterellus cornucopioides*
(L. EX FR.) PERS. Fam. Leistenpilze (*Cantharellaceae*)
Hut 2–8 cm breit, tief röhrig oder trichterförmig, am Rande unregelmäßig kraus und gelappt, dünn, lederig, dunkelbraun bis schwärzlich, im feuchten Zustand etwas schuppig. Außenseite aschgrau, im Alter runzlig. Meist gruppenweise in der Laubstreu von Buchenwäldern. Guter, recht würziger Speisepilz. Fruchtkörper VIII–X.

Trompeten-Pfifferling *Cantharellus infundibuliformis*
(SCOP.) FR. Fam. Leistenpilze (*Cantharellaceae*)
Hut 2–5 cm breit, anfangs noch gewölbt, später tief trichterförmig, am Rande unregelmäßig gewellt, dunkel bis schmutzigbraun. Stielteil hohl, schmutzig- oder dottergelb, oft furchig. Fleisch etwas zäh, von bitterem Geschmack. Geruch aromatisch. Verbreitet bis häufig in Büscheln, vor allem in Gebirgswäldern. Fruchtkörper VIII–X.

Gebratene Herbstpilze
Trompeten-Pfifferlinge und/oder Herbst-Trompeten waschen, grob zerkleinern und zusammen mit etwas zerkleinerter Zwiebel in Öl anbraten. Anschließend grüne Bohnen, etwas Knoblauch und Soja-Sauce nach Geschmack hinzugeben. Weitere 2–3 Min. braten und heiß servieren.

Wurzeln von Wilder Möhre, Pastinak und Löwenzahn. Aufnahme 16. Dezember.

Löwenzahn *Taraxacum officinale* L.
Fam. Korbblütengewächse (*Asteraceae*)
Die Beschreibung dieser Pflanze finden Sie auf S. 35.
Früher wurde aus den Wurzeln des Löwenzahns häufig ein Kaffee-ähnliches Getränk zubereitet. Dazu muß man die Wurzeln im Spätherbst graben. Wurzeln anschließend säubern und über der Heizung mehrere Tage lang trocknen, stückeln und rösten, von Zeit zu Zeit wenden. Vor Gebrauch in einer Kaffeemühle zerkleinern und wie Instant-Kaffee mit heißem Wasser aufbrühen. Dieses Getränk schmeckt nur entfernt nach Kaffee, hat aber einen angenehmen Geschmack und sollte einen Versuch wert sein.

Gänse-Fingerkraut (*Potentilla anserina*). Die Wurzeln werden am besten im Spätherbst zum Ende der Wildpflanzensaison gegraben. Aufnahme 10. Juni.

Pastinak *Pastinaca sativa* L.
Fam. Doldengewächse (*Apiaceae*)
Zweijährige Pflanze von angenehm aromatischem Geruch. Stengel aufrecht, 30–100 cm hoch, hohl, kantig gefurcht, grün. Blätter einfach gefiedert. Fiederblättchen in 3–11 Paaren, 2–10 cm lang, oval bis länglich, beidseits fein behaart. Blattstiele am Grunde leicht verdickt. Blüten in zusammengesetzten Dolden von 6–10 cm Breite. Hülle und Hüllchen fehlend oder unvollständig. Kronblätter gelb, nicht strahlend. Früchte fast kreisrund. Verbreitet bis häufig in Unkrautfluren und Wiesen, an Wegrändern und in Gärten. Blüten VI–VIII.
Achtung: Unter den Doldengewächsen sind einige tödlich giftige Arten! Eindeutig bestimmen!
Pastinak wurde früher als Wurzelgemüse vielfach angepflanzt. Pastinak-Wurzeln sollte man im Herbst graben. Verwendbar sind eigentlich nur die fleischigen Wurzeln einjähriger Pflanzen, die noch nicht geblüht haben, alle anderen wären zu zäh.

Wilde Möhre *Daucus carota* L.
Fam. Doldengewächse (*Apiaceae*)
Zweijährige Pflanze mit aufrechtem, nicht hohlem, längsstreifigem Stengel, etwas kantig, meist grün, ungefähr 60–100 cm hoch, mit abstehenden oder etwas zurückgebogenen Haaren besetzt. Blätter 2–3fach gefiedert. Fiederabschnitte bis 3 cm lang, lanzettlich bis oval, fiederschnittig oder gezähnt. Blüten in zusammengesetzter Dolde, deren äußere Strahlen länger als die inneren und daher darüber zusammengezogen, beim Aufblühen flach und bis 8 cm breit. Hüllblätter fiederschnittig, Hüllchenblätter zu mehreren, lanzettlich, ungeteilt. Blüten weiß, nicht strahlend, mittlere Blüte meist schwärzlich-purpurn (Mohrenblüte). Verbreitet bis häufig in trockenen Fettwiesen, in verschiedenen Unkrautfluren oder an Wegrändern. Blüten VI–VIII.
Achtung: Eindeutig bestimmen, da die Pflanze von Unkundigen leicht mit tödlich giftigen Doldengewächsen verwechselt werden kann.
Von der Wilden Möhre sind eigentlich nur die Wurzeln verwendbar. Man gräbt die Wurzeln einjähriger Pflanzen im Spätherbst und bereitet sie wie frische Gartenmöhren zu.

Austernseitling (*Pleurotus ostreatus*), bräunliche Form, Aufnahme 26. November.

Samtfußrübling (*Flammulina velutipes*) an einem Ulmenstumpf. Aufnahme 18. Dezember.

Austernseitling (*Pleurotus ostreatus*), graue Form. Aufnahme 26. November.

Gänse-Fingerkraut *Potentilla anserina* L.
Fam. Rosengewächse (*Rosaceae*)
Ausdauernde Pflanze mit kriechenden oder nur wenig aufsteigenden Stengeln, etwa 5–50 cm lang, mit zahlreichen, ziemlich langen Ausläufern. Blätter silbrig-seidenhaarig, nur einseits behaart oder völlig kahl, vielpaarig mit großen und kleinen Fiederblättchen gefiedert. Blüten einzeln, meist nur sehr kurz gestielt. Kelchblätter 5, grünlich. Kronblätter 5, goldgelb, bis 1 cm lang, radförmig ausgebreitet. Staubblätter sehr zahlreich. Häufig und weit verbreitet an frischen bis feuchten Ruderalstellen, in Feuchtwiesen und auf Äckern. Typpflanze der Gänseangerflur. Auch im Küstenbereich. Salzertragend. Blüten V–VIII.
In frühgeschichtlicher Zeit wurde diese häufige und allgemein als Unkraut angesehene Pflanze als Wurzelgemüse kultiviert. In armen Küstenregionen wurde bis in unsere Zeit von den Fingerkraut-Wurzeln Gebrauch gemacht, die bei geeigneter Zubereitung durchaus annehmbar schmecken. Man gräbt die Wurzeln dazu am besten im Spätherbst und wählt dazu solche Exemplare aus, die nicht in allzu schwerem Boden wachsen.

Austernseitling, Austernpilz *Pleurotus ostreatus* (JAQU. EX FR.) KUMMER Fam. Knäulinge (*Pleurotaceae*)
Fruchtkörper 6–14 cm breit, muschelförmig, anfangs auch leicht gewölbt, später flach und stark wellig-gelappt. Rand häufig aufsplitternd, fleischfarben-bräunlich oder braun- bis blaugrau. Stiel 20–30 × 10–20 mm, stark exzentrisch oder sogar seitlich am Hut angebracht, zuweilen auch völlig fehlend, am Grunde filzig. Fleisch weiß. Geruch und Geschmack angenehm. Lamellen weiß, später zunehmend gelblich. Sporenpulver lila. Auf Stämmen von Laubhölzern, selten auch auf Nadelhölzern. Kann auf kurzen Stammstükken kultiviert werden. Sehr schmackhafter und wertvoller Speisepilz. Wird heute meist in vier selbständige Arten gegliedert, die jedoch alle sehr ähnliche geschmackliche Eigenschaften haben. Fruchtkörper I–XII.

Austernpilze, provençalisch
Austernpilze, zerkleinert
1 Zwiebel, fein gehackt
½ Knoblauchzehe
1 kleine Dose geschälte Tomaten
1 Glas Weißwein
Butter
fein gehackte Kräuter
Salz, Pfeffer
Pilze, Zwiebel und Knoblauch in Butter andünsten, Tomaten, Weißwein, Kräuter und Gewürze zufügen und ca. 30 Min. zugedeckt dünsten lassen. Knoblauchzehe vor dem Servieren entfernen.

Samtfußrübling *Flammulina velutipes* (CURT. EX FR.) KARST. Fam. Ritterpilze (*Tricholomataceae*)
Hut 2–10 cm breit, anfangs noch gewölbt, später stärker abgeflacht, dunkel gelblich, zur Mitte hin mehr bräunlich, glatt, klebrig. Stiel 10–30 × 3–8 mm, zäh und knorpelig, oben gelblich, sonst dunkelbraun, sehr samtig. Fleisch dünn, von der Färbung des Hutes. Geruch und Geschmack angenehm. Lamellen blaßgelb. Sporenpulver weiß. Verbreitet auf Baumstümpfen oder am Grunde von Baumstämmen, vorzugsweise an Ulmen. Typischer Winterpilz. Fruchtkörper X–IV.
Samtfußrüblinge werden meist als Würzpilze für Suppen oder Saucen verwendet. Allein geben sie kein so schmackhaftes Pilzgericht ab wie andere Pilzarten.

Literaturhinweise

AICHELE, DIETMAR: Was blüht denn da? Kosmos-Verlag, Stuttgart

AICHELE/SCHWEGLER: Was grünt und blüht in der Natur? Kosmos-Verlag, Stuttgart

DÄHNCKE, ROSEMARIE: Pilzsammlers Kochbuch. Gräfe und Unzer Verlag, München

DÄHNCKE, ROSEMARIE UND SABINE: Schlemmereien aus Wald und Wiese. Aargauer Tagblatt

ENGEL/TOMBER: Pilze kennen – sammeln – kochen. Südwest-Verlag, München

ERHART/KUBICKA: Der Kosmos-Pilzführer. Kosmos-Verlag, Stuttgart

GARNWEIDNER, EDMUND: Das neue Pilzbuch. Tomus Verlag, München

HELM, EVA MARIA: Feld-, Wald- und Wiesenkochbuch. Heimeran Verlag, München

KREMER, BRUNO P.: Das Kosmos-Kräuterbuch. Kosmos-Verlag, Stuttgart

LAUNERT, EDMUND: Der Kosmosführer: Wildkräuter – Wildsalate, Heilpflanzen, Kräutertees, Beeren, Pilze. Kosmos-Verlag, Stuttgart

LAUX, HANS E.: Wildbeeren und Wildfrüchte. Kosmos-Verlag, Stuttgart

LAUX, HELGA UND HANS E.: Kochbuch für Pilzfreunde. Kosmos-Verlag, Stuttgart

LAUX, HELGA UND HANS E.: Kochrezepte für Naturfreunde. Kosmos-Verlag, Stuttgart

LELLEY, J.: Pilze aus dem eigenen Garten. BLV Verlag, München

MABEY, RICHARD: Bei der Natur zu Gast. Kiepenheuer & Witsch Verlag, Köln

PAHLOW-NIKLAS: Wildfrüchte-Kompaß. Gräfe und Unzer Verlag, München

PAHLOW-NIKLAS: Wildgemüse-Kompaß. Gräfe und Unzer Verlag, München

PAHLOW, M.: Das große Buch der Heilpflanzen. Gräfe und Unzer Verlag, München

PHILLIPS, ROGER: Das Kosmosbuch der Pilze. Kosmos-Verlag, Stuttgart

PHILLIPS, ROGER: Das Kosmosbuch der Wildpflanzen. Kosmos-Verlag, Stuttgart

POLUNIN, O.: Pflanzen Europas. BLV Verlag, München

QUINCHE/BOSSARD: Wildsalate – Wildgemüse. Ott Verlag, Thun

QUINCHE/BOSSARD: Wildfrüchte. Ott Verlag, Thun

RÜDT, ULRICH: Heil- und Giftpflanzen. Kosmos-Verlag, Stuttgart

SCHÖNFELDER, PETER UND INGRID: Der Kosmos-Heilpflanzenführer. Kosmos-Verlag, Stuttgart

SCHÖNFELDER/FISCHER: Welche Heilpflanze ist das? Kosmos-Verlag, Stuttgart

Register der beschriebenen Wildfrüchte

Register der Rezepte